Um momento de meditação

Martin Boroson

Um momento de meditação

SEXTANTE

tradução
Paulo Polzonoff Jr.

preparo de originais
Cristiane Pacanowski

revisão
Cristhiane Ruiz, José Tedin e Rafaella Lemos

projeto gráfico e diagramação
Abreu's System

capa
Miriam Lerner

imagens de capa
mesa: Mark Wragg/istockphoto.com
flor: Hsing-Wen Hsu/istockphoto.com

impressão e acabamento
Yangraf Gráfica e Editora Ltda.

CIP-BRASIL. CATALOGAÇÃO-NA-FONTE
SINDICATO NACIONAL DOS EDITORES DE LIVROS, RJ

B741m Boroson, Martin
Um momento de meditação / Martin Boroson [tradução de Paulo Polzonoff Jr.]; Rio de Janeiro: Sextante, 2012.
176p.; 14x21 cm

Tradução de: One moment meditation
ISBN 978-85-7542-755-2

1. Paz de espírito. 2. Meditação. I. Título.

12-0030 CDD: 158.12
CDU: 159.98

Rua Voluntários da Pátria, 45 – Gr. 1.404 – Botafogo
22270-000 – Rio de Janeiro – RJ
Tel.: (21) 2538-4100 – Fax: (21) 2286-9244
E-mail: atendimento@esextante.com.br
www.sextante.com.br

Para meus pais,
Florence e Louis Boroson,
com amor.

Tendo diante de si a respiração moribunda,
o homem deve se preparar para o recomeço.

atribuído a Nikos Kazantzakis

Sumário

Introdução

Pense em todos os momentos que "perdemos", parados num engarrafamento, numa fila ou numa reunião entediante... Lembre-se de todos os instantes que "desperdiçamos" indo a eventos que não nos interessam, trabalhando de maneira desatenta ou assistindo a mais um programa de televisão antes de dormir. Há ainda aqueles "momentos roubados", que aproveitamos quando ninguém está nos observando, vendo vitrines, navegando na internet ou mexendo nos celulares. E há também aqueles instantes que passam despercebidos: os momentos entre os momentos. E se cada um deles nos oferecesse a oportunidade de nos tornarmos mais calmos, alertas, equilibrados e felizes? E se num desses momentos pudéssemos fazer uma coisa simples que tivesse um efeito profundo em nossas vidas?

• • •

A ideia deste livro surgiu num momento. Certa manhã, enquanto fazia minha meditação habitual, eu estava determinado a permanecer imóvel, com os olhos baixos, durante 30 minutos. Minha mente, no entanto, estava acelerada e o tempo parecia se arrastar. Fiquei preocupado, pensando que tinha esquecido de ajustar o alarme e que acabaria sentado ali por horas.

Quis checar o relógio muitas vezes, mas não queria perder a concentração nem desistir. Acabei não conseguindo continuar.

Quando olhei o relógio, vi que não tinha me esquecido de programar o alarme. Faltava apenas um minuto, o que significava que eu passara 29 minutos me perguntando se havia transcorrido meia hora. Desencorajado, pensei: "Falta apenas um minuto, então acho que por hoje chega." Porém me dei conta: "O que há de errado com um minuto de meditação? O que espero alcançar em 30 minutos que não posso vivenciar em apenas um?" Assim, decidi recomeçar e meditar pelo tempo que restava – um minuto, mas um minuto que valesse a pena.

A partir daquele instante, meu comportamento em relação ao tempo mudou. Comecei a pensar menos em objetivos de longo prazo e mais em oportunidades presentes. Percebi quanto se pode alcançar em muito pouco tempo. E passei a meditar de um jeito novo – não apenas sentado sobre a almofada todas as manhãs durante 30 minutos, mas brevemente, durante todo o dia, onde quer que eu estivesse –, no ônibus a caminho do trabalho, à mesa, na academia. Entendi que, quanto mais rápido eu fosse capaz de mergulhar na paz sem recorrer a tantos recursos, melhor seria. Enfim, comecei a meditar sempre que tinha um tempinho disponível.

• • •

Na maior parte das vezes, somos incapazes de perceber o enorme potencial de um instante. Talvez porque pensemos que um instante, ou um momento, seja muito pouco tempo – apenas alguns segundos –, portanto algo desprezível. Mas um momento pode ser significativo e transformar sua vida.

Imagine tudo o que pode acontecer num instante: um dique se rompe, a terra treme, uma floresta seca pega fogo. Um motorista embriagado ultrapassa o sinal vermelho e bate em seu carro. O preço das ações despenca. Você nunca sabe quando algo que considera eterno se acabará.

Mas um momento também pode trazer cura, inspiração e alegria. Num instante, uma nova e fantástica ideia lhe ocorre inesperadamente. Num instante, alguém o ajuda a resolver um problema ou você recebe o telefonema de um amigo com quem não conversava havia muito tempo. Num instante, depois de anos de divisão, um muro desaba. Depois de uma longa doença, num instante você começa a se recuperar e ninguém sabe explicar exatamente por quê.

Sejam felizes ou tristes, individuais ou partilhados por outras pessoas, nossos momentos cruciais nos fazem lembrar que a vida pode ser extraordinária. Num único instante, a vida pode revelar outra realidade que era inconcebível no momento anterior. Lembre-se: é preciso apenas um instante para que mudanças dramáticas aconteçam.

Tenho ajudado muitos indivíduos e empresas a passar por processos de grande transformação. E, apesar de eles serem demorados, quando a reviravolta realmente acontece, ela é repentina, instantânea. Ninguém pode prever quando acontecerá nem o que será. Mas, para enfrentá-la, o melhor é que as pessoas envolvidas – sejam quais forem seus planos, hábitos ou expectativas – estejam realmente presentes e dispostas a encarar a mudança significativa proporcionada por esse momento.

• • •

Este livro o ajudará a perceber o momento, entendê-lo, apreciá-lo, mergulhar nele e aproveitar todo o seu potencial. E para isso não é necessário muito tempo. Os primeiros exercícios requerem não mais do que um ou dois minutos por dia. À medida que progredir, aos poucos o exercício ficará mais curto, exigindo cada vez menos tempo, até que você seja capaz de realizá-lo num instante.

Dessa forma, você será capaz de se renovar e recarregar as energias várias vezes ao dia. Aprenderá a vivenciar a quietude profunda em meio à agitação cotidiana. Assim, entenderá o tempo de uma nova maneira e aprenderá a transformar um dia aparentemente atribulado e apressado num dia repleto de oportunidades.

Ao aprender essas técnicas, e conforme se aprofundar na compreensão desses ensinamentos, você chegará cada vez mais perto do que se pode chamar de "o domínio do momento". Domínio, nesse caso, não significa controlar o momento ou aprisioná-lo. Significa estar em paz no momento – que não haja tensão entre você e o que quer que esteja acontecendo agora.

Tenho ensinado essas técnicas em palestras e oficinas, no rádio, em seminários sobre liderança e em sessões particulares de treinamento, e vejo como elas podem ser benéficas para as pessoas em muitos sentidos. Se você é novato na meditação, este é um método simples e direto que se adequará facilmente à sua vida. Se já experimentou a meditação e não teve bons resultados, aproveite-o como uma nova chance de se ater não ao sucesso a longo prazo, mas à oportunidade de curto prazo. E se você acha que simplesmente é ocupado demais para meditar, esta abordagem refuta essa justificativa: todo mundo sempre tem um tempinho.

Apesar de este livro ter sido escrito visando aos iniciantes, ele também foi pensado para os praticantes mais avançados que estão sempre dispostos a recomeçar. Então, mesmo que você tenha alguma experiência com meditação, espero que se abra para esta nova abordagem. Talvez descubra que ela o ajuda a se renovar e recuperar o vigor da sua prática, ou a integrá-la aos desafios do cotidiano. E se você é daqueles praticantes experientes obcecados pela ideia de "quanto tempo é capaz de se sentar imóvel e não pensar em nada", este método o incentivará a aceitar tudo – até mesmo a meditação – um momento de cada vez.

• • •

É realmente possível meditar num instante?

Muitas pessoas de fato consideram a meditação um teste de resistência: quanto mais tempo você for capaz de permanecer imóvel, mais espiritualizado será. Muitos também acreditam que ela deve ser praticada num belo e sereno retiro, bem afastado da vida cotidiana. Acreditam nisso porque a maior parte da nossa herança cultural espiritual nos foi legada por monges, freiras, eremitas e profetas, pessoas que renunciaram à vida em sociedade para passar anos em contemplação silenciosa.

Mas os tempos estão mudando, assim como nossa compreensão sobre a meditação. Pesquisas científicas confirmam que os benefícios dessa atividade não são apenas esotéricos ou "espirituais", mas bastante práticos. Experimentos feitos em laboratório mostraram que a meditação pode melhorar o humor, aliviar a depressão, reduzir a pressão arterial, fortalecer o sistema imunológico e promover o otimismo e a resiliência.

Hoje, mais pessoas acreditam que os benefícios da meditação deveriam estar disponíveis a todos nós quando precisássemos e que essa atividade deveria ser realizada em todos os lugares – quando estamos presos no tráfego, começando um dia de trabalho ou trocando a fralda de um bebê. Muitos também querem incluir a meditação, ou os princípios meditativos, em seus relacionamentos, no modo como educam os filhos e no trabalho. Percebem também a necessidade de lidar de forma mais meditativa na esfera política, nas decisões de negócios e nas relações públicas. Claro que, quanto mais rápido formos capazes de nos tranquilizar, melhor. Então deixe-me dizer por que acredito que não só é possível, mas também essencial, meditar num instante.

Todos temos a fantasia, de vez em quando, de sermos mais tranquilos em outro tempo ou lugar. Nós nos imaginamos mais tranquilos no futuro – ao fim do dia, no fim de semana, depois que as crianças crescerem, quando nos aposentarmos. Ou em outro lugar – na igreja, num parque ou numa praia deserta. Mas sempre que fazemos isso não conseguimos enfrentar o presente e nos alienamos. É uma maneira de adiar constantemente as coisas, porque o momento em que mais precisamos de tranquilidade é justamente aquele em que é mais difícil alcançá-la.

Além disso, sempre que pensamos que a tranquilidade ou a paz de espírito exige muito tempo ou que acontecerá apenas no futuro, estamos nos concentrando em nos tornarmos mais tranquilos, e não em sermos tranquilos. Assim, nos mantemos num estado permanente de desejo, e esse desejo é, por definição, incompatível com o "ser" ou "ter". Portanto, se você acredita que deve meditar por muito tempo a fim de alcançar a tranquilidade, está gerando mais estresse para si mesmo. É como jogar uma bola para a frente e depois correr para alcançá-la, imediatamente jogando-a para a frente de novo – e ao mesmo tempo reclamando que jamais irá alcançá-la.

Num nível mais profundo, se nossa noção de satisfação depende das circunstâncias, então ela é vulnerável às mudanças pelas quais passamos. Se só estamos felizes quando a vida está indo bem, não seremos felizes quando passarmos por momentos ruins. Esse tipo de satisfação não é o mais profundo ou estável. A satisfação verdadeira transcende os "altos e baixos" da vida. Ela aceita a vida como ela é, com todas as suas imperfeições. Em outras palavras, o único modo de alcançar a verdadeira tranquilidade é se contentar completamente com o que está acontecendo agora, mesmo que, às vezes, estejamos passando por uma turbulência.

Nas sucintas e maravilhosas palavras do mestre espiritual Krishnamurti: "É agora ou nunca." Isso não quer dizer que, se você não estiver se sentindo em paz agora, nunca se sentirá. Apenas significa que a satisfação só é possível quando não se está vivendo no futuro, mas no presente. Quando você está realmente focado no presente, sua mente não está desejando que as coisas sejam diferentes – e isso é satisfação.

Como ela só pode ser encontrada no momento presente, isso também significa que, para atingi-la, não é necessário tempo algum. Ela não acontece com o tempo, mas a todo instante. Por isso você não precisa ir a um retiro, pedir demissão do seu emprego ou reservar 20 minutos, duas vezes ao dia, a fim de encontrar a paz. Ela está sempre disponível. Ela está se oferecendo agora, onde quer que você esteja. Mas você não sabe disso porque, bem... Porque está ocupado demais fazendo outras coisas, como tentando encontrar a tal tranquilidade.

Então pense na minha ideia como algo que simplesmente vai direto ao ponto. Se a paz é possível agora – e só é possível agora –, então você talvez devesse alcançá-la agora. Saiba que não pretendo que esta abordagem substitua qualquer outra forma de meditação ou oração, qualquer caminho para a autodescoberta ou os excelentes livros de autoajuda disponíveis hoje em dia. A questão apenas é que, seja qual for o caminho que você escolher e a ajuda que buscar, se não dominar o momento, então suas chances de sucesso são limitadas. Mas, se você realmente aprender a dominá-lo, nada o impedirá.

• • •

A essência deste livro é o momento. Mas como esse conceito é bastante indefinível, você pode achar que o compreendeu rápido demais e talvez tenha problemas para encontrá-lo de verdade. É por isso que, na Parte 1, *Treinamento básico*, você começará com algo mais fácil para que possa se habituar: um minuto. Com o primeiro exercício deste livro, *O minuto básico*, você aprenderá a vivenciar a quietude por apenas um minuto.

A Parte 2, *Treinamento intermediário*, mostra como tornar o *minuto básico* mais versátil. Ele se transformará num recurso que você poderá usar onde quer que esteja, independentemente do que estiver acontecendo, e até mesmo durante uma emergência. A Parte 3, *O instante no tempo*, é mais filosófica. Explorando as concepções do tempo e de sua natureza, mostra justamente como ele pode ser flexível. A Parte 4, *Treinamento avançado*, ensina o passo a passo para reduzir a duração do *minuto básico*, até que você possa experimentar seus benefícios praticamente num instante. A Parte 5, *Descobrindo o instante*, explora o significado maior do instante/momento e traz ótimos exemplos. Na Parte 6, *Treinamento superavançado*, você aprenderá a vivenciar a quietude ao seu redor, o tempo todo, em tudo o que fizer. A Parte 7, *O milagre do instante*, apresenta várias técnicas divertidas e flexíveis que o ajudarão a aproveitar o potencial milagroso de cada momento. Por fim, na Parte 8, *Dominando o momento*, você será desafiado a dar um último salto em direção ao domínio pleno.

Apesar de os capítulos deste livro serem curtos, eles também são densamente concentrados, então não os leia muito depressa. O melhor é ir saboreando-os lentamente. Leia um capítulo, absorva-o e o releia. Pratique os exercícios e incorpore-os à sua rotina. Quando o tiver digerido totalmente e sentir que precisa de mais, avance para o capítulo seguinte.

Mas talvez você prefira lê-lo de uma só vez para ter uma ideia geral. Não há nada errado nisso. No entanto, se o ler de maneira apressada do começo ao fim, talvez não o compreenda totalmente. Isso porque os conceitos se aprofundam à medida que o livro avança. Escrevi cada capítulo tendo em mente a ideia de que você mudou um pouco ao praticar os exercícios do capítulo anterior. Em outras palavras, o final deste livro foi escrito para uma versão diferente de você.

Comprometa-se realmente a praticar os exercícios com disciplina, mas não os leve a sério demais. Entenda-os como uma diversão, e não um castigo, e sinta-se livre para adaptá-los da melhor forma à sua vida. Não há uma ideia rígida sobre o que funcionará para você. Nem quando.

Apenas experimente os exercícios. Você não precisará pedir demissão do seu emprego, arranjar uma babá para cuidar dos seus filhos, nem se isolar numa cabana. Não precisará comprar nenhum traje especial nem aderir a um grupo, usar equipamentos estranhos, reorganizar seu escritório, baixar programas ou comprar materiais educacionais. Tudo de que você precisa está aí – exatamente onde você está.

PARTE 1

Treinamento básico

Nesta primeira parte do livro, você aprenderá o que é o *minuto básico*, o conceito fundamental do *Método de meditação instantânea.* O primeiro capítulo apresenta esse exercício e os seguintes ajudam a aprofundar sua experiência e a compreendê-la melhor.

Você talvez ache que há muitos detalhes aqui para o que é simplesmente um minuto. Mas o *minuto básico*, por ser tão denso, exige o mesmo nível de habilidade necessário para um exercício de uma hora.

Quanto mais você praticar o *minuto*, mais sutilezas descobrirá. Há, por exemplo, alguns aspectos, como a respiração e a postura, que parecem bastante óbvios a princípio, mas que se tornarão cada vez mais intrigantes com o passar do tempo. Ou talvez você ache que seu *minuto* parece tumultuado, no início, mas com a prática sua percepção irá melhorar, à medida que sua mente diminui o ritmo de atividade – mesmo que, para isso, você ainda precise de apenas um minuto.

O minuto básico

Para o *minuto básico*, você precisará de um cronômetro ou alarme que possa ser ajustado para exatamente um minuto – um alarme de cozinha é o ideal. Posteriormente, você não precisará mais dele, mas por enquanto ele é essencial.

Você também precisará encontrar um lugar e um momento em que não seja incomodado por ninguém. Encare o *minuto* como se algo verdadeiramente profundo fosse vivenciado durante esse tempo, mesmo sendo apenas de um minuto. Esteja aberto à possibilidade de que um instante sozinho no seu quarto seja mais valioso do que qualquer outra atividade que você realize.

Recomendo, portanto, que você tranque a porta e desligue o telefone. Desligue o computador e abaixe o volume da secretária eletrônica. Coloque uma placa na porta: "Volto em um minuto." Metaforicamente, aperte o botão "pause" da sua vida por apenas um minuto. Perceba que existem poucas coisas urgentes demais que não possam ser adiadas por esse tempo.

Agora que você conseguiu um minuto de solidão, sente-se. O melhor é escolher uma superfície dura, como uma cadeira ou uma almofada bem firme colocada no chão, para que você não se incline demais nem caia. Não se apoie em nada, nem nos braços da cadeira.

Escolha qualquer posição em que se sinta bem equilibrado, simétrico e estável, uma posição que consiga manter sem se mexer durante um minuto. Se estiver sentado no chão, tente cruzar as pernas. Se estiver numa cadeira, coloque as plantas dos pés firmemente apoiadas no chão ou as prenda aos pés da cadeira. (Tente não deixar um pé solto, para evitar que ele balance sem que você perceba.) Seja qual for a posição que tiver escolhido, o princípio fundamental é: quando você está sentado adequadamente, está praticando o gesto do equilíbrio, da estabilidade e da quietude.

Depois de sentado, é preciso se endireitar. Imagine que o alto da sua cabeça está sendo puxado para cima, para longe do solo. Não faça isso forçadamente. Com cuidado, apenas estimule sua coluna a se endireitar. Pode parecer um alongamento, mas pense assim: desde que estamos na Terra, a gravidade nos tem empurrado para baixo, por isso é necessária certa determinação para se erguer. Aos poucos, esse movimento se tornará natural.

Agora que você está sentado e ereto, relaxe. Quanto mais familiarizado estiver com essa posição, mais rápido isso acontecerá: sua cabeça se move para cima e todo o resto fica fácil. Seus órgãos se ajeitam em seus devidos lugares e seus pulmões têm um pouco mais de espaço para trabalhar.

Acerte seu alarme para exatamente um minuto. Você pode achar bobagem usar um, mas é mesmo importante. O alarme o ajuda a se esquecer do tempo e garante que você não perca a concentração. Não pense que será capaz de fazer o *minuto básico* se estiver prestando atenção ao relógio. É essencial que, por apenas um minuto, você abra mão completamente do controle do tempo – e é por isso que um alarme é necessário.

Você pode se sentir tentado a programar o alarme por mais de um minuto, sob a suposição de que tirará mais proveito do exercício se praticá-lo por mais tempo. Não faça isso. Este exercício foi concebido para convencê-lo de que você pode mesmo vivenciar a paz verdadeira em apenas um minuto. Assim, se executá-lo por mais tempo, estará ignorando o sentido da teoria.

Durante a maior parte do dia, suas mãos estão ocupadas fazendo coisas e se expressando, em geral sem que você perceba. Mas, no *minuto básico*, você pretende canalizar toda a sua energia para um único lugar. Por isso, tente colocar as mãos sobre os joelhos ou no colo, uma sobre a outra. Há várias maneiras diferentes de fazer isso, porém o mais importante é garantir que elas permaneçam equilibradas, simétricas e imóveis como suas pernas.

Agora feche os olhos. Inspire e expire lentamente pelo nariz. Se você se sentir estranho ou se estiver gripado, não há mal algum em respirar pela boca. Não importa se sua inspiração for mais longa do que a expiração, ou vice-versa. A única coisa que importa é que você inspire e expire, alternadamente, seguidas vezes.

Preste muita atenção à sua respiração. Para algumas pessoas, a ideia de "prestar atenção" desperta um instinto reativo, como se houvesse alguém gritando: "Sente-se e preste atenção!" Essa não é a melhor abordagem para o *minuto básico*, porque isso imediatamente dá vazão a um instinto de conflito e medo, sentimentos que não conduzem à tranquilidade. Então talvez seja melhor pensar em "fique atento à respiração".

Mas também há um problema com isso. "Ficar atento à respiração" sugere trabalho, o que traz à tona a possibilidade do fracasso, outra dinâmica nada útil. Isso também sugere uma divisão entre sua mente e a respiração – como se ela estivesse aqui e sua respiração, lá. Com essa suposição, você jamais vivenciará "o seu todo" estando num mesmo lugar ao mesmo tempo.

Então talvez o melhor seja dizer "mergulhe sua mente no ato de respirar" ou "descanse a mente na sua respiração" ou "permita-se afundar na sua respiração" ou ainda "permita que sua mente se acomode na sua respiração". Use a que considerar melhor.

Agora deixe-me falar um pouco sobre a respiração. Se você está vivo, está respirando. Seu corpo pode vagar a esmo e sua mente pode se perder, mas a respiração estará sempre presente, bem aí onde você está. No *minuto básico*, você simplesmente une sua mente a algo que está sempre presente.

Em latim, a palavra para "respiração" é *spiritus*, da qual derivam as palavras espírito, inspirar e inspiração. Isso sugere que há algo de espiritual na respiração. Na verdade, várias práticas, como a ioga, exploram esse aspecto de maneira muito profunda. Simplesmente não pense em nada. Concentre-se na sua respiração com toda a sua atenção. Faça isso, e só isso, até que o alarme soe.

Como esse exercício demora apenas um minuto, usufrua o máximo dele. Ainda que esteja totalmente comprometido, é bem provável que, mesmo durante apenas um minuto, você perca a concentração. Você se esquecerá da respiração e começará a pensar em várias coisas. Talvez se pergunte: "Sou mesmo tão distraído?" Sim. Todos somos, mas não se preocupe com isso. Quando perceber que se distraiu, não se condene nem pense mais no assunto. Apenas volte a unir sua mente à respiração. Talvez isso aconteça várias vezes no espaço de um minuto, mas apenas retome a respiração até que o alarme soe. Depois pare.

Não há nada de mal em executar o *minuto básico* várias vezes por dia, porém o mais importante é se comprometer a praticá-lo ao menos uma vez todos os dias. Mas não prepare uma armadilha para si mesmo. Com tantas resoluções, quando não conseguimos realizá-las nos sentimos fracassados, e essa sensação de fracasso nos consome até que tentemos novamente, com um pouquinho menos de entusiasmo da próxima vez.

O *minuto básico* é totalmente o contrário disso. Primeiro, ele leva apenas um minuto, por isso você pode praticá-lo todos os dias. Segundo, se não puder praticá-lo por um ou dois dias, não há problema, porque o *minuto* não é cumulativo. Não é como somar calorias, correr uma maratona ou tentar alcançar uma meta de vendas. E não é como parar de fumar, quando um lapso pode fazer com que você retroceda um ano. Com o *minuto básico*, se perder um dia, não é preciso voltar ao início. Isso porque, sempre que você o pratica, é como um recomeço, como se fosse a primeira vez. (Quanto mais fizer isso, melhor se tornará em recomeçar.)

Por isso, mesmo que seja capaz de praticar o *minuto básico* todos os dias, tente pensar que é sempre a primeira vez. Pense em cada *minuto* como um recomeço e encare-o com a mente aberta. Se você dispõe de um minuto hoje, tente. Se tiver um minuto amanhã, tente de novo. E se dispuser de um minuto depois de amanhã, experimente. Por que não tentar agora mesmo?

O minuto básico

1. Encontre um lugar em que você possa ficar sozinho.
2. Sente-se ereto.
3. Relaxe as pernas, mas deixe-as imóveis.
4. Programe seu alarme para exatamente um minuto.
5. Coloque as mãos numa posição relaxada, mas sem movê-las.
6. Feche os olhos.
7. Permita que sua mente se una à sua respiração.
8. Quando o alarme soar, pare.

Compreendendo o minuto

Na época em que eu fumava, uma das coisas de que mais gostava era que esse mau hábito me proporcionava vários momentos no dia para não fazer nada. No período da vida em que mais fumei, chegava a ficar à toa umas 20 vezes por dia. Mesmo quando fumava e fazia outra coisa ao mesmo tempo, havia um momentinho de quietude, quando eu ignorava tudo para acender o cigarro e tragar profundamente. De um jeito estranho, era uma experiência contemplativa. O *minuto básico* é mais ou menos como uma pausa para fumar – mas sem o cigarro.

Ele permite que você tenha uma experiência mais profunda do ser. Não é um momento para ser isso ou aquilo. Não é a hora de tomar quaisquer decisões ou se preocupar com a vida. Não é um momento de complicação.

Durante apenas um minuto, em vez de todas aquelas coisas que costuma fazer – em vez de vivenciar o frenesi normal do dia a dia –, você está apenas sendo. É como estar elevado: por um minuto inteiro, tudo fica em estado de espera. Você sai do tempo e volta à vida revigorado.

O *minuto básico*, contudo, não se trata apenas de parar de fazer: trata-se também de parar de ser você. Não me leve a mal – não há absolutamente nada de errado em ser você, mas não resta dúvida de que isso exige um esforço muito grande e, de tempos em tempos, você precisa tirar uma folga de si mesmo.

Da primeira vez que o pratica, talvez não o considere tão notável. Mas pense nele como uma sonda que você usa todos os dias para medir a profundidade de um poço de paz. Quanto mais relaxar durante o *minuto*, mais paz descobrirá nele. Talvez haja dias em que consiga apenas uma gota. Mas lembre-se de que você ainda está explorando uma fonte inesgotável.

À medida que praticar o *minuto*, talvez descubra coisas curiosas sobre o tempo. Talvez ache-o incrivelmente frustrante e demorado se estiver preocupado com alguma coisa ou ansioso para voltar ao trabalho. Ou pode ser que ele passe tão rápido que o deixará querendo mais. Talvez você fique maravilhado ao perceber como sua mente pode estar ocupada. Ou quem sabe ache incrível o intervalo que você pode conseguir para sua mente durante apenas um minuto. Às vezes, você pode vivenciar uma espécie de eternidade – porque, em um minuto, o tempo se expande.

O *minuto básico* é bastante diferente de outros métodos de autoajuda que conhecemos. Permita-me esclarecer algumas coisas. Ele não tem nenhuma relação com o poder do pensamento positivo. Nem com orientar sua vida ou afirmar algo que você é ou gostaria de ser. Ele tampouco trata de sucesso. O *minuto* não diz respeito a intenções – a não ser a vontade de parar de tê-las. A verdade é que, se você praticá-lo regularmente, talvez se descubra pensando com mais otimismo e gostando mais de si mesmo. Talvez perceba que realmente está conseguindo tudo o que quer – ou ao menos gostando daquilo que tem. Você pode começar a se sentir mais bem-sucedido e perceber que suas intenções são mais claras e estão mais harmonizadas com o mundo. Mas lembre-se apenas de que o *minuto básico* não se trata de nenhuma dessas coisas, e não tem propósito algum. Na verdade, ele não é nada. É apenas o nada. Apenas todo um minuto de nada. Eis por que ele é um alívio tão grande.

Antes de continuar, pratique o minuto básico.

Onde e quando

Com o tempo, você aprenderá a alcançar os benefícios do *minuto básico* em movimento – em vários lugares diferentes e em diversos momentos. Por ora, é útil ter um tempo e um lugar específicos – vamos chamá-los de tempo-espaço – para praticá-lo diariamente. (Se viaja com frequência e raramente está no mesmo tempo e lugar, não há nada de errado em improvisar.)

Muitas pessoas gostam de dedicar um lugar de suas casas para a meditação ou a oração, ou preferem visitar um local que consideram sagrado. Mas nada disso é necessário para o *minuto básico*: há vários tempo-espaços comuns e bem adequados. Neste capítulo, darei sugestões de alguns que você talvez queira experimentar e apresentarei algumas das diferenças entre eles.

Depois de acordar/Antes de dormir

Praticar o *minuto básico* logo depois de acordar é uma ótima maneira de começar o dia realmente renovado, antes que o estresse e as dificuldades tomem conta de você. Executá-lo antes de dormir é um modo de limpar a mente e terminar o dia com um ânimo novo.

Na natureza

Muitas pessoas acham que o fato de estarem cercadas pela natureza as ajuda a se acalmar. Assim, se perto de você houver um parque, um jardim, quintal, fazenda, floresta ou mesmo apenas a sombra de uma árvore, experimente praticar o *minuto básico* lá. Mas não pense em praticá-lo apenas quando estiver em contato com a natureza. É possível executá-lo em qualquer lugar onde se possa encontrar um pouco de solidão.

Muitas pessoas acreditam que, para encontrar a paz, precisam de um lugar especialmente pacífico e belo – um local perfeito. É um equívoco comum. Acreditamos que só podemos ficar em paz quando estamos longe dos filhos, da cidade, numa ilha deserta. É verdade que ambientes calmos podem nos trazer tranquilidade. Mas também é verdade que pessoas tranquilas espalham a paz onde quer que estejam, e que é possível viver a paz em qualquer lugar. Por isso, não há nada de errado em vivenciar o *minuto básico* no ambiente que você normalmente associaria à tranquilidade, por exemplo.

No trabalho

Todos os dias, quando você chega ao trabalho, realiza pequenos rituais, como ligar o computador, servir-se de uma xícara de café e ler seus e-mails. Pense no *minuto básico* como mais um desses rituais. Se você tem uma sala só para você, é ainda mais fácil começar o dia praticando-o. Você também pode exercitá-lo na hora do almoço, para marcar o meio do dia. Ou ao fim do dia, para evitar levar para casa os assuntos do trabalho.

Se você não tem sua própria sala, tente praticar o *minuto básico* numa sala de reuniões vazia. Se isso não for possível, então recomendo que vá ao banheiro. Várias pessoas fazem isso quando precisam de um intervalo. E muitas acabam ficando um pouco mais quando já estão lá. Ir ao banheiro parece ser uma das poucas atividades solitárias ao longo do dia – e também uma das poucas sobre as quais ninguém pergunta nada.

No carro

Você também pode praticar o *minuto básico* no seu carro – antes de ligar o motor ou durante um engarrafamento. Ou saia da estrada principal a caminho do trabalho ou de um compromisso. Claro que é possível que um policial suspeite de alguma coisa, vendo-o ali, sentado sem fazer nada, ou que alguém se aproxime para garantir que está tudo bem. Apenas diga que está tudo bem – que você só precisa de um minuto.

Pense agora onde e quando você praticará o minuto básico. *Escolha um tempo-espaço que seja realista e que possa usar todos os dias. Procure brechas já existentes na sua agenda ou intervalos que possam ser um pouco esticados. Então pratique-o.*

Os benefícios (para você)

Se você praticar o *minuto básico* regularmente, começará a notar que há vários minutos ao longo do seu dia durante os quais você poderia, em tese, meditar, por mais ocupado que esteja. O simples fato de perceber a existência dessas oportunidades mudará sua relação com o tempo, porque, ao notá-las, sua mente estará diminuindo o ritmo aos poucos, em vez de seguir adiante impulsivamente.

À medida que continuar praticando o *minuto básico*, você descobrirá que está "mergulhando nele" com mais rapidez e profundidade. Perceberá que é mais fácil se desapegar das preocupações e se deixar absorver, ainda que brevemente, pela sua respiração. Você começará a sentir o que poderia ser chamado de "quietude" ou "tranquilidade". Mas essas são apenas palavras para algo que, na verdade, é indescritível – algo que está além do alcance das palavras. No *minuto básico*, todas as palavras e diálogos cessam. É difícil imaginar todos os benefícios quando aproveitamos esse intervalo, mesmo que por um período curto. Eles se tornarão mais claros à medida que avançarmos. Neste capítulo, mencionarei apenas alguns.

• • •

O benefício mais óbvio do *minuto básico* é que ele pode ajudá-lo a reduzir os níveis de estresse imediatamente, diminuindo a pressão alta e melhorando o seu sistema imunológico. Enquanto você o pratica, seu raciocínio se torna mais suave, suas emoções, menos turbulentas, sua respiração fica mais profunda e lenta e seus batimentos cardíacos também devem diminuir um pouco. Apesar de estar sentado ereto, você também está solto. Isso talvez não alivie todo o seu estresse de imediato, mas já é um começo. Para muitas pessoas, tirar apenas um minuto de folga pode ser uma mudança radical. Sempre que você pratica o *minuto* também está enviando um sinal – antes de mais nada, para si mesmo – de que está, ao menos às vezes, disposto a parar. E isso se aplica especialmente aos iniciantes.

O *minuto básico* também pode ajudá-lo a se tornar mais "emocionalmente inteligente". Em seu livro *Inteligência emocional*, Daniel Goleman demonstrou que a inteligência emocional é até mais importante para o sucesso profissional do que a "inteligência mental", ou o QI. Uma pessoa emocionalmente inteligente tem a capacidade de notar e respeitar seus próprios sentimentos e os das demais pessoas – ou ao menos aprender com eles – quando necessário. Na Parte 2, vamos analisar adaptações do *minuto básico* que você possa usar em situações emocionalmente carregadas. Por enquanto, vamos dizer apenas que ele o ajuda a se acalmar quando está prestes a perder o controle, não ficar para trás quando estiver apressado e se encontrar quando estiver perdido.

Com o *minuto básico*, você também pode aprender a ir muito além do raciocínio comum e mecânico. É possível se libertar do que quer que pense ou acredite inconscientemente: é como uma fuga da prisão das suas percepções. Se deseja saborear a liberdade, é para isso que ele serve. Você é livre para afirmar o que realmente lhe importa, mas, como você já não se sente obrigado, suas escolhas são mais honestas.

O *minuto básico* também o ajuda a se concentrar e prestar atenção: ele molda e fortifica sua mente. Com ele, você opta por trazer à mente algo que escolheu – nesse caso, sua respiração. Quando aprender a fazer isso, você poderá dirigir sua mente para qualquer coisa.

Ele também pode ensiná-lo a administrar o tempo. Você aprende a perceber quando não está trabalhando de maneira eficiente e encontra mais oportunidades para fazer um intervalo. Essas pausas servirão para você recuperar o tempo perdido. Como você verá mais adiante, essa pode ser uma mudança radical no modo como você encara os negócios – e também o próprio tempo, que simplesmente se torna um problema menor porque você encontrará mais espaço dentro dele.

Sua prática também o ajudará a viver de modo mais consciente. Quando você consegue tirar uma folga de si mesmo, as chances de que aja por impulso ou compulsão são menores. É menos provável que você compre coisas de que não precisa, diga o que não quer dizer ou se envolva em atividades pelas quais não tem interesse.

Além disso, o *minuto básico* o ajuda a tomar decisões melhores. Você pode esvaziar sua mente quando quiser, o que lhe permite encontrar novas ideias, ouvir outros pontos de vista ou esclarecer seus valores e objetivos. Ele também o ajuda a evitar deslizes menores e até mesmo acidentes graves, porque você começa a notar quando está estressado ou desequilibrado e tem a chance de se controlar e agir corretamente.

Talvez o maior benefício seja também o mais simples: ele lhe dá a oportunidade de renovar sua consciência. Depois de um dia inteiro, sua mente provavelmente fica um pouco cansada e confusa. Assim como seu computador, sua casa e seu corpo, sua mente também precisa de manutenção para que funcione bem. E, com apenas um minuto por dia, você pode depurar e desfragmentar sua máquina mental, aumentando significativamente seu desempenho. É possível se livrar das perspectivas limitadas do passado e ver as possibilidades infinitas do presente.

• • •

O maior desafio que você enfrentará neste estágio é acreditar que algo tão simples e curto seja capaz de lhe trazer tantos benefícios. No entanto, quanto mais você acreditar no *minuto básico* e se aplicar a ele com entusiasmo, melhores serão os resultados obtidos. Continue praticando-o, com fé, uma vez por dia, e você perceberá como seus benefícios – apesar de pequenos, a princípio – parecerão se aprofundar e se multiplicar. Aos poucos, os *minutos* começarão a ressoar uns com os outros e depois amplificar um ao outro, até que a paz se torne a trilha sonora da sua vida.

Pratique o minuto básico *agora.*

Os benefícios (para todos os demais)

Praticar o *minuto básico* não é bom apenas para você – é bom também para as outras pessoas. Ele pode até mesmo ser considerado um gesto de altruísmo. Quando você o executar, todos ao seu redor o verão como uma pessoa mais calma, paciente, menos propensa a ter variações de humor e a tirar conclusões precipitadas. É mais provável que você saiba o que realmente quer fazer, de modo que são menores as chances de você agir de maneira impulsiva e criar confusões. Você provavelmente agirá com clareza e decisão, se comportando de maneira racional, e não apenas para parecer decidido. Você terá ideias melhores e apresentará sugestões também melhores, porque será capaz de ver as coisas com mais clareza. Estará mais disponível para ajudar os outros, pois terá mais tempo disponível. Em outras palavras, em vez de criar confusão, você criará a paz. E talvez o mais importante: verá as pessoas como elas são e as aceitará. Você verá as demais pessoas com mais clareza porque, todos os dias, dedicará ao menos um minuto para limpar suas lentes.

Quando praticar o *minuto básico* regularmente, terá todos esses benefícios sem se esforçar muito. As pessoas ao seu redor simplesmente começarão a notar o que está acontecendo. Elas irão perceber as mudanças e lhe agradecerão por fazer coisas que você nem sabia que estava fazendo. É bem provável que digam coisas como: que bom ter você por perto; sua presença é sempre útil; queremos você na nossa equipe.

Você talvez também queira contar aos outros que está praticando o *Método de meditação instantânea*, para que o ajudem a manter-se comprometido. Assim, sempre que parecer estressado ou desequilibrado, elas poderão dizer: "Acho que você precisa de um minuto agora."

Pratique o minuto básico *agora.*

Desafios comuns

Quando decide reservar um minuto do seu dia para o *minuto*, você pode, de repente, descobrir vários motivos para não seguir adiante. Isso acontece porque sua maneira tradicional de agir pode se sentir muito ameaçada por essa nova e radical aventura que é tentar pará-lo. Os psicólogos chamam isto de "resistência" e é bem possível que você vivencie algo assim. Ela, em geral, se manifesta como um ataque violento de motivos aparentemente bons para não se fazer o que quer ou precisa mesmo fazer. Parece que, quando estamos à beira da paz, tudo se transforma num inferno.

Uma das "razões" mais comuns que as pessoas usam para não fazerem um intervalo é dizer que estão ocupadas demais. Bem, espero que ninguém esteja de fato tão ocupado a ponto de não ter um minuto de folga por dia. A essência do *minuto básico* é que ele lhe proporciona algumas das vantagens de um intervalo muito maior em apenas um minuto. Mas, se mesmo assim você sente que um minuto por dia é muito para você, tenha esperança: em exercícios futuros, você aprenderá a obter os mesmos benefícios num tempo até menor. Mas é preciso começar com o *minuto*.

Outra resistência comum é a vergonha. Muitos têm dificuldade para pedir uma pausa aos chefes, funcionários, amigos ou até mesmo aos filhos, como se isso fosse um sinal de fraqueza.

Se isso acontece com você, então pratique seu *minuto* secretamente. Mas algum dia, quando estiver preparado, diga que você precisa de um pouco de tempo. Você talvez descubra que há outras pessoas iguais a você por aí.

Às vezes, a resistência ganha um caráter exagerado, algo como "O mundo não sobreviverá se eu parar por um minuto" ou "Sou importante demais aqui para tirar um minuto de folga". Isso talvez seja verdade se, por exemplo, você estiver pilotando um avião sozinho. Mas, na maioria dos casos, é um absurdo. Na verdade, o contrário é que é verdadeiro: se você acredita mesmo que é tão importante para o que está acontecendo ao seu redor a ponto de não conseguir se dar ao luxo de tirar um minuto de folga, é bem provável que você precise do *minuto* desesperadamente e que todos à sua volta também precisem dele.

Outra resistência comum é a culpa. Muitas pessoas se sentem culpadas por abdicarem da atenção que dão ao mundo, como se esse fosse um gesto egoísta. Não é estranho que raramente nos sintamos culpados quando fazemos viagens caras ou compramos carros ou televisões enormes, mas que nos sintamos egoístas quando queremos um pouquinho de tempo para nós mesmos, um minuto por dia sem fazer nada? Se isso acontece com você, tente se lembrar do que já disse antes: o *minuto* é, na verdade, um gesto de altruísmo. Você não só está ajudando outras pessoas a encontrar a paz como também está dando um exemplo de bom comportamento. Parte do treinamento básico é aprender que a paz de espírito merece ao menos um minuto do seu tempo.

Talvez você também se defronte com alguns desafios práticos para executar o *minuto básico*. O primeiro é não achar um lugar tranquilo o bastante. Encaremos os fatos: nenhum lugar é completamente silencioso. E, se sua mente quiser encontrar algo para distraí-lo, ela conseguirá. Mas basta tentar achar um lugar tranquilo. Então não fique obcecado em encontrar um lugar totalmente silencioso. Aceite o barulho ao seu redor e tente não prestar atenção a ele. Aprenda a voltar sua atenção para a respiração, apesar dos barulhos que o cercam.

Meu amigo Randy Hostetler era um compositor que percebia e admirava todos os sons que ouvia ao seu redor. Ele gravava os sons do mundo – os tons únicos dos motores dos carros roncando, das dobradiças e do piso rangendo – e acrescentava-os a suas composições. Como a avó dele dizia: "Randy nunca ouviu um barulho, apenas música."

O mais importante é não ser interrompido. Caso isso aconteça, tente não ficar com raiva. Talvez algum dia você se torne imperturbável. Enquanto isso, se você for interrompido e tiver de parar, apenas doe o restante daquele *minuto* para o que quer que seja. Aceite o que está acontecendo com gratidão, abra os olhos e continue respirando.

Outro desafio muito comum é o cansaço, porque muitos de nós não dormimos bem. Estamos sempre tão "ativos" que, quando paramos, caímos de sono. Mas, apesar de o *minuto básico* ser relaxante, ele não foi concebido para que você adormeça enquanto o pratica. Trata-se de uma espécie de alerta relaxado, uma sensação de percepção tranquila que é bem diferente do sono. Assim, tente permanecer acordado. Se não conseguir, então provavelmente precisa ir para a cama mais cedo.

É possível que às vezes você tenha problemas em acompanhar sua respiração. Sua mente vai se encher de dúvidas, distrações, planos, ruídos mentais ou pensamentos negativos, e você simplesmente não conseguirá se livrar disso tudo nem por um minuto. Mesmo assim, o melhor é simplesmente continuar sentado. Reserve algum tempo todos os dias para ficar nessa postura e permanecer imóvel.

Pense deste modo: se estivesse flutuando num bote rio abaixo, você talvez ficasse tão encantado com a paisagem – as árvores às margens ou as nuvens no céu – que se esqueceria de que está num bote. Mas você ainda assim estará no bote e de vez em quando se lembrará disso, e talvez fique assustado. Portanto, mesmo que possa achar que o *minuto básico* não está funcionando, você ainda o estará praticando todos os dias. Até que, um dia, perceberá – talvez assustado – que está mais tranquilo do que antes.

Você também pode descobrir que alguns aspectos incomuns da sua personalidade virão à tona durante a prática do *minuto*. Sempre que você se distanciar dos problemas do dia a dia, haverá mais espaço para temas profundos que emergirão na sua consciência – pensamentos e sentimentos que você reprimiu, esqueceu ou nunca soube que existiam. Eles surgem para que você possa se livrar deles. Essa é a maneira que a mente usa para, digamos, "limpar o porão". Por mais que isso possa parecer temporariamente incômodo, a longo prazo você terá muito mais espaço.

Talvez você descubra também que, durante o *minuto básico*, sentirá dores e incômodos. Se estiver sentado corretamente, eles não estão sendo causados por sua postura. O mais provável é que sejam dores e incômodos reprimidos, resquícios de sentimentos de mágoas antigas ou apenas o estresse crônico emergindo para ser eliminado.

Por fim, você talvez descubra, ao se sentar para praticar o *minuto básico*, que, apesar de todo o seu comprometimento e entusiasmo, não queria estar ali. Isso pode assumir a forma de agradáveis fantasias sobre outros lugares onde preferiria estar – na cama, numa praia, num bar – ou pode vir como um desejo muito forte de estar em qualquer lugar, menos ali. Inevitavelmente, há algo no *minuto básico* que realmente o imobiliza – e ninguém gosta de ficar imobilizado. Gostamos de ter opções e queremos espaço. O *minuto básico* pode ser a primeira ocasião na vida em que você está realmente tentando estar num único lugar ao mesmo tempo: mente, corpo, coração e alma. Eis uma importante habilidade, porque, se não sabemos como nos unirmos num único lugar em determinado momento, sempre estaremos fragmentados. Se você realmente quer vivenciar a paz de espírito, tem de aprender a alcançá-la onde quer que esteja. Por isso, pense no *minuto* como uma maneira curta mas valiosa de aprender a estar num único lugar, mesmo que, às vezes, você não goste disso.

Pratique o minuto básico *agora.*

O aquecimento

Se você quiser dobrar a eficiência do *minuto básico* e puder encontrar apenas meio minuto a mais, este capítulo é para você.

Sempre que queremos atingir nosso potencial máximo, aquecer-se é fundamental. Atores, dançarinos, músicos, palestrantes e atletas, todos levam o aquecimento muito a sério. O aquecimento é útil porque, sem ele, a transição da sua mente estressada para o *minuto básico* pode parecer repentina demais. Se não se aquecer, você pode muito bem desperdiçar a maior parte da prática simplesmente alcançando o *minuto básico*.

O aquecimento também é um ato simbólico, um ritual de preparação no qual você reforça a importância do que está prestes a fazer e se lembra de levá-lo a sério. Um ritual envolve a limpeza de determinado espaço para que algo realmente poderoso aconteça. Imagine um artista organizando os pincéis ou um cirurgião esfregando as mãos: são gestos não apenas práticos, mas também uma preparação da mente.

Para se aquecer para o *minuto básico*, eis algumas sugestões. Faça alguns alongamentos simples ou livre-se da tensão balançando as pernas e os braços. Dê saltinhos. Faça algum barulho. Respire fundo uma ou duas vezes. Boceje. Suspire. Lave as mãos e o rosto. Acenda uma vela. Escreva um pensamento pelo qual você anda obcecado e depois rasgue o papel. Cite uma decisão para a qual você precisa de ajuda e depois a esqueça. Dedique o *minuto básico* seguinte a alguém que você ama, alguém que precisa de ajuda ou cura. Um dos meus aquecimentos preferidos é simplesmente tirar tudo o que está na minha frente. Não me envolvo demais nem faço disso um grande projeto – simplesmente empilho alguns papéis ou devolvo um porta-clipes a seu lugar de origem.

Experimente as técnicas que o atraiam mais ou invente um método próprio, mas, depois de descobrir o que funciona para você, faça dessa técnica um ritual. Então o simples gesto de dar início a ele conduzirá sua mente para um lugar mais profundo e calmo. No entanto, não permita que esse ritual se torne simples demais. Apesar de o aquecimento ser algo simples, ele também deve ser algo novo. Por isso, renove-o, variando-o de tempos em tempos. E preste tanta atenção ao aquecimento quanto à pratica do *minuto básico*: nunca é cedo demais para se chegar lá.

Tente praticar o minuto básico *com um aquecimento agora.*

Na semana seguinte, tente um aquecimento diferente por dia até descobrir um de que goste mais. Depois faça desse aquecimento sua introdução habitual para o minuto básico.

O descanso

Você pode agregar ainda mais valor ao *minuto básico* usando um pouco de tempo adicional para um curto descanso, como um ritual de completude. O objetivo é ajudá-lo a consolidar os benefícios do recém-concluído *minuto*. Ele lhe propicia uma aterrissagem tranquila, ajudando-o a voltar a seu estado normal lentamente, para que não haja choque.

Esse período de consolidação também o ajuda a combinar o *minuto* com a experiência do restante da sua vida. Se você não descansar, talvez pense que a vida é uma coisa ou outra: paz ou estresse. Com o descanso, no entanto, faz uma transição gradual para as preocupações comuns e, ao mesmo tempo, sente os benefícios imediatos do *minuto*. O período de descanso o ajuda a perceber sua "mentalidade comum" ou como você age no mundo: qual o seu limite entre a tranquilidade e o estresse? O que mais o incomoda? O que o deixa desequilibrado?

Para o descanso, você pode experimentar as técnicas de aquecimento do capítulo anterior ou pode tentar uma destas técnicas de descanso específicas:

- Alongue os dedos.
- Bata com os pés no chão.
- Olhe ao seu redor lentamente.
- Note seu primeiro impulso.

- Olhe pela janela.
- Reflita sobre como o *minuto* foi para você. Agradável? Difícil?
- Vanglorie-se por um *minuto* bem praticado.

Tente o minuto básico *agora com um descanso. Depois experimente um* minuto *com um aquecimento e um período de descanso. Durante a semana, experimente diferentes técnicas de descanso até descobrir a melhor para você. Então, acrescente-a ao seu* minuto básico *todos os dias.*

Prática e perfeição

Tradições mais espiritualizadas têm como objetivo uma espécie de experiência "definitiva". Com algumas sutis variações, essa experiência é chamada de "iluminação", "graça" ou "resignação". O escritor Spalding Gray a chamava de "o momento perfeito". Apesar de ser um objetivo maravilhoso, a realidade é que, na maioria das vezes, seus *minutos* parecerão distantes da perfeição. Você notará sofregamente todas as distrações e talvez até se sinta fracassado. Eis por que as tradições espirituais nos ensinam que é preciso esforço – e até mesmo vigilância. Segundo elas, devemos praticar (ou orar ou nos resignar) muito a fim de alcançar a perfeição. Por outro lado, a maioria das pessoas que já vivenciou o "momento perfeito" diz que, depois de experimentá-lo, ainda assim é preciso praticá-lo, se não ele se perde ou é esquecido. Portanto, embora a prática leve à perfeição, esta também precisa ser praticada. De qualquer modo, a prática é fundamental.

Com ela, você descobrirá que "atingirá" seu *minuto* com mais rapidez. Você perceberá que a simples compreensão de sua forma – aquecendo-se, sentando-se, adotando a postura correta – permitirá que você alcance a paz. O *minuto básico* se torna um velho e leal amigo que você espera encontrar todos os dias. Algum dia você talvez até seja capaz de se beneficiar do *minuto* só de imaginá-lo. Onde quer que esteja, ele se tornará seu lar.

Mas há outro benefício da prática regular e dedicada. Com o *minuto básico* você está criando um novo espaço psicológico para si mesmo e, sempre que praticá-lo, entrará um pouco mais nesse espaço. Nele, você é como o guia de um grupo de montanhistas que segue à frente dos demais para analisar o terreno, limpar a trilha e montar o acampamento. Depois o guia desce a montanha e diz: "Eu sei o caminho. E vocês também podem chegar lá."

Sempre que praticar o *minuto básico*, você será como esse guia – indo um pouco mais além para o bem de todos. Sempre que volta, está lembrando ao restante do seu corpo de que "um lugar de calma e concentração existe e, com o tempo, todos viveremos lá". Na verdade, o que acontece é exatamente isso: com o tempo, sua vida toda é vivida nesse novo lugar e você vê todas as coisas a partir dessa perspectiva.

Pratique um minuto básico *agora. Não se preocupe se ele não for "perfeito".*

O *minuto* e a oração

O *minuto básico* não deve ser confundido com uma oração. A palavra "oração" vem do latim *rogar* e significa "dirigir-se a um deus ou força espiritual na forma de um pedido". Mas, no *minuto básico*, não existe um ser fora de si mesmo ao qual se possa pedir – há apenas a respiração. O objetivo é que você *simplesmente seja* – sem pensar em nada, sem conversar com ninguém, nem mesmo com Deus.

Mas praticar o *minuto básico* e orar são exercícios complementares. Por isso, você com certeza pode orar antes de executá-lo. Também pode dedicar ou oferecer seu *minuto* a algo maior: seu anjo da guarda, seu santo de devoção, todos os seres ou Deus.

Em seu sentido mais profundo, a oração expressa gratidão e é uma maneira de se alinhar com algo maior do que você. Esse gesto de humildade, entretanto, não é sempre tão fácil. Se você praticar o *minuto básico* antes de orar, isso talvez o ajude a esvaziar a mente, livrar-se dos pensamentos egoístas e se tornar realmente centrado e imóvel. Com ele, você está esvaziando a mente como se estivesse limpando um templo – está criando um espaço sagrado onde poderá orar de todo o coração.

Tente praticar o minuto básico *fazendo uma oração antes ou depois dele.*

Efeitos colaterais em potencial

Ao praticar o *minuto básico*, você talvez sinta dois importantes efeitos colaterais: alegria e compaixão. Este capítulo explica como lidar com eles.

Nem todos sentirão alegria com o *minuto básico*. Ela não faz parte do plano, na verdade. Mas, se você vivenciá-la, não há nada de mal em aproveitá-la. A experiência da alegria é capaz de comovê-lo de formas que você nem poderia imaginar. Mas tome cuidado, porque, como qualquer prazer, ela pode se transformar num vício. Você pode se pegar ansiando por ela quando a alegria se for, o que só aumentará seu sofrimento, porque a vida cotidiana pode parecer comum demais. O melhor é somente admirá-la quando ela surgir – como uma nova cor acrescentada à sua paleta –, mas sempre deixá-la partir facilmente. Volte a apenas ser.

Outro efeito colateral comum é a compaixão diante dos problemas dos outros. É um paradoxo curioso: à medida que você se torna mais hábil na prática dessa técnica, começa a se importar mais com todo mundo. Não que você irá querer resolver os problemas deles – você simplesmente se importará mais. A esse sentimento damos o nome de compaixão, o que significa "sofrer em conjunto".

A compaixão é uma consequência natural e inevitável de se estar em paz consigo mesmo. Conforme começar a aquietar a mente e tirar uma folga dos próprios pensamentos, você passará também a entrar em contato com uma parte da sua personalidade que é mais universal. Você simplesmente se sentirá mais ligado aos outros. Sentirá na pele o que os outros sentem e se tornará mais capaz de ver as coisas do ponto de vista alheio.

A compaixão, no entanto, não é apenas um resultado da paz de espírito – ela também é a causa. Quanto mais nos compadecemos dos outros, menor é a possibilidade de pensarmos em magoar ou sermos magoados. Quando você se compadece, sente-se mais tranquilo, porque percebe que ninguém é essencialmente diferente de você. Funciona assim: menos medo, mais paz.

Certifique-se de estar à vontade com o minuto *e de tê-lo praticado por pelo menos um mês antes de seguir para a Parte 2 deste livro. Porque, se você não o assimilou por completo, certamente se sentirá perdido.*

PARTE 2

Treinamento intermediário

O minuto portátil

Agora que você está mais à vontade com a técnica, já é hora de experimentar o *minuto portátil*. Ele permitirá que você leve o *minuto básico* para onde quer que vá e que o pratique em meio a todos os tipos de situações. Ele também é uma etapa de transição fundamental para o domínio completo do momento.

Antes de praticá-lo, contudo, você precisa fazer um pouco de pesquisa, mas, por sorte, isso não tomará seu tempo. É apenas uma ligeira mudança no *minuto básico*. Eis como fazê-la:

Da próxima vez que praticar o *minuto básico*, em vez de simplesmente se concentrar na sua respiração, conte-a. A primeira inspiração você deve contar como "um", a primeira expiração como "dois", a segunda inspiração como "três", e assim por diante. Quando o alarme tocar, anote a contagem. Se perder a conta, não se preocupe. Simplesmente tente outro dia. Faça isso durante vários dias, até ter várias contagens, e depois calcule a média. Esse número será sua média respiratória por minuto – ou seja, a quantidade de vezes que você respira num minuto de relaxamento.

Depois que chegar a essa média respiratória, você poderá praticar o *minuto básico* sem o alarme. Simplesmente se aqueça, feche os olhos e depois – com muita atenção – conte suas respirações até alcançar sua média. Então abra os olhos e descanse.

Esse é um progresso significativo. Agora você pode deixar de lado o alarme e merece os mais sinceros parabéns. (Note que ainda não está livre do tempo, apenas do alarme.) Você é capaz de praticar o *minuto portátil* em todos os lugares onde um alarme talvez seja inapropriado: trem, avião, restaurante, biblioteca, cinema, na sua mesa de trabalho, academia de ginástica, banho, embalando seu bebê e até mesmo na cama, com alguém dormindo ao seu lado. Você pode executá-lo enquanto espera que uma negociação seja finalizada, que o espetáculo comece ou que o júri chegue a um veredicto.

Certifique-se de contar a respiração o tempo todo, até o fim. Se sua média respiratória, por exemplo, for 26, resista à tentação de dizer: "Bem, cheguei a 24, já basta. Melhor parar agora." O finalzinho em geral é a parte mais valiosa e surpreendente do *minuto*.

O *minuto portátil*, claro, não é tão preciso quanto o *minuto básico*, porque sua frequência respiratória varia de tempos em tempos. Quando está ansioso ou estressado, a respiração tende a se acelerar, por isso sua contagem talvez seja menor. Quando está relaxado, a respiração geralmente é mais lenta, por isso sua contagem deve durar um pouco mais do que um minuto. Em outras palavras, o *minuto portátil* é, na verdade, aproximadamente um minuto, mas não há nada de mal nisso. Os benefícios da portabilidade superam os prejuízos da imprecisão.

Com alguma regularidade, verifique sua contagem respiratória com o auxílio de um alarme para saber se ela se alterou e modifique-a de acordo com a variação, para que você continue praticando a meditação por aproximadamente um minuto. Com o tempo, talvez perceba que cada vez menos respirações são necessárias para se chegar a um minuto – que sua respiração está mais lenta. Talvez você esteja se perguntando para onde isso o está levando. Talvez você imagine simplesmente a que ponto de lentidão sua respiração pode chegar. Mas tente não entrar em pânico. Isso significa apenas que você está cada vez mais relaxado. Você é simplesmente assim.

Ao longo de vários dias, descubra sua média respiratória por minuto. Pratique o minuto portátil *uma vez por dia (ou mais) durante uma semana antes de prosseguir.*

O minuto emergencial

Alguma vez você já quis apertar o botão de pausa na sua vida? Já reagiu de maneira impulsiva a uma situação, sabendo muito bem que o que você estava dizendo ou fazendo não era exatamente o que queria? Você já quis gritar: "Preciso de um minuto para ouvir meus pensamentos!" ou "Preciso de um minuto para raciocinar"?

A boa notícia é que todos temos um kit de primeiros socorros para situações como essas. Ele é chamado de *minuto emergencial* e é simplesmente um *minuto portátil* para ser colocado em prática durante uma crise – exatamente quando mais precisamos dele.

Mas, se você quer mesmo ter um recurso desse tipo à disposição quando necessário, deve praticar o *minuto portátil* regularmente. Para isso, seu treinamento será igual ao de qualquer outro trabalhador no setor de emergência. Como bombeiros, policiais e paramédicos, você tem de aprender as técnicas e passar por testes para que, no caso de uma crise, esteja preparado. Então será capaz de praticar o *minuto* até mesmo numa situação difícil e caótica. E o mais importante: você se lembrará de praticá-lo.

Há, na verdade, dois tipos de emergências: aquela na qual você sabe o que fazer imediatamente e todas as outras. Numa situação de vida ou morte – por exemplo, correr em meio às chamas para salvar uma criança –, o *minuto emergencial* é desnecessário, porque você reagirá instantaneamente, sem pensar. Essa técnica é adequada a todas as outras situações em que você acredita que tem de agir com urgência, mas, na verdade, não precisa. Com o *minuto emergencial*, menor será a chance de você reagir por pânico, confusão ou raiva e de tornar as coisas ainda piores.

A seguir apresento algumas situações específicas nas quais o *minuto emergencial* pode ser útil, com pequenas adaptações para cada situação:

Pânico

Quando entramos em pânico, nossa respiração se acelera e parece ter vontade própria. Infelizmente, isso se transforma num círculo vicioso: quanto mais entramos em pânico, mais rápida é nossa respiração e maior o nosso pânico. Nesse caso, talvez não baste contar suas inspirações e expirações. É preciso tentar diminuir, conscientemente, o ritmo da sua respiração. É como praticar o *minuto portátil* com o pé no freio. Você talvez também precise praticar esse exercício mais de uma vez. Se isso de fato for necessário, execute-o em momentos distintos. Faça um pequeno intervalo depois de cada prática para reavaliar a situação e então, se precisar, pratique outro *minuto*.

Raiva

Quando você sente um ataque repentino de raiva, é muito difícil lembrar-se da maneira normal de ver o mundo. É difícil analisar as coisas racionalmente, vê-las de uma perspectiva mais ampla ou compreender o ponto de vista do outro.

Mas não há nada de errado com a raiva por si só. É um sentimento humano e pode ser muito benéfico. O problema é quando ela escapa ao controle ou quando causa prejuízo aos outros.

A estratégia clássica para lidar com a raiva é "contar até 10". Segundo a teoria, se fizer isso, você não terá um ataque. É uma bela ideia, mas, para mim, quando estou com raiva e conto até 10, a sensação que tenho é que estou apenas ganhando tempo. Ressinto-me de cada segundo e fico esperando para sentir raiva novamente. Em outras palavras, contar até 10 pode até adiar nossa explosão de raiva, mas não ajuda a transformá-la.

O *minuto emergencial* é totalmente diferente. E a diferença é que, quando o coloca em prática, você volta a uma sensação que lhe é conhecida. Aquele "lugar" dentro de si mesmo e que você descobriu com o *minuto básico* é como um refúgio que leva para todos os lugares. E quanto mais praticar o *minuto básico* e o *portátil*, mais fácil será encontrar esse lugar.

Imagine um caubói de rodeio sentado sobre um touro brabo, preso no curral. Assim que o touro, furioso, é solto na arena, dando coices violentos, a única tarefa do caubói é permanecer sobre o touro. O caubói não tenta parar o animal, levá-lo de volta para o curral, tornar-se amigo dele ou ter uma discussão religiosa com o bicho. Tenta apenas permanecer em cima do touro. O mesmo acontece com sua raiva. Tente não cair dela nem ser jogado para cima. Sinta a energia que está sendo liberada do curral e respire com ela. Tentar obrigar um touro brabo a se acalmar antes que ele esteja preparado só o deixará mais brabo e mais em pânico. Em outras palavras, não trate a energia da raiva como uma coisa ruim, à qual você deve resistir. Simplesmente respire com ela. Você talvez até descubra que, depois que as coisas se acalmarem, a experiência foi bastante revigorante.

Pressão

O *minuto emergencial* também pode ser útil quando você está sob pressão. Você talvez vivencie essa pressão vinda de fora – trabalho, sócio, filhos – e sinta como se fosse implodir. Ou talvez a vivencie de dentro para fora – uma frustração crescente em relação a tudo – e sinta como se fosse explodir.

Nesses casos, apenas imaginar-se livre da pressão não é muito útil. Assim como a raiva, é importante honrar a energia tal como ela é. Pense numa panela de pressão. Este utensílio usa a pressão intensa para cozinhar os alimentos, mas também libera vapor, um pouco de cada vez, para não explodir. É dessa forma que se pratica o *minuto emergencial* sob pressão, tentando estender sua expiração, um pouco de cada vez, como se fosse uma panela de pressão. É até mesmo útil emitir algum barulho ao exalar, como um assobio. Mas não solte muito ar rápido demais. Quando você está sob pressão, em geral é melhor liberá-la lentamente, porque você pode, na verdade, precisar de um pouco dela: pode haver algo "cozinhando" dentro de você. Então, exatamente como uma panela de pressão, solte o vapor aos poucos. Isso garantirá que você continue cozinhando, sem explodir.

Confusão

Todos temos momentos em que nos sentimos muito confusos sobre uma decisão importante – quando precisamos mesmo de uma resposta imediata, que, apesar do nosso esforço, simplesmente não aparece. Acredito que, se a resposta não é óbvia, é porque ela não está preparada para ser. O *minuto emergencial* é útil porque, nessa situação, você não tem escolha, senão aguardar, e ele é a melhor coisa a se fazer enquanto espera.

Em primeiro lugar, ele lhe permite descansar um pouco da confusão. Em segundo, como sua mente estará mais vazia, é mais provável que você perceba a resposta quando ela surgir. Em terceiro, você estará mais preparado para compreendê-la. Por fim, o *minuto emergencial* o ajuda a aceitar melhor o fato de que – ao menos por ora – você *simplesmente não tem a resposta*, o que evita que aja movido pelo desespero.

Choque

Numa emergência, dizem que os animais têm uma destas reações: ou lutam ou fogem. Mas isso não compreende toda a vastidão das reações dos animais. Outra reação animal característica é se fingir de morto. O psiquiatra Ivor Browne observou que muitos seres humanos fazem algo semelhante em situações traumáticas. Às vezes, quando estamos em choque ou tomados por uma emoção avassaladora, nosso diafragma se paralisa e nossa respiração fica muito fraca, como parte do que é chamado de "estado de choque". Em outras palavras, nós nos desligamos, tanto emocional quanto fisicamente, como se estivéssemos mortos. E pode levar muito tempo – às vezes anos e até uma vida inteira – para se reaprender a respirar completamente e retomar a vida.

Apesar de se fingir de morto ser um valioso mecanismo para lidar com algumas situações – quando simplesmente não conseguimos suportar o que está acontecendo –, ele também inibe nossa capacidade de compreender o que está havendo e de tomar decisões. Ao se fingir de morto, você se afasta do fluxo da experiência e, com o tempo, torna-se menos capaz de vivenciar qualquer coisa. Quando faz isso, é como se estivesse dizendo: "Isto não está acontecendo comigo." Mas o fato é que está.

Se praticar o *minuto emergencial* logo que entrar em choque, você permanecerá presente para vivenciar a situação e ficará conectado à vida. Enquanto a paralisia do diafragma diz: "Isso não está acontecendo comigo", liberá-lo é como dizer: "Isso está de fato ocorrendo, mas posso superar." À medida que enfrentar a situação, você perceberá que está vivo e que pode lidar com o que estiver lhe acontecendo.

• • •

Não importa o que esteja ocorrendo ao seu redor, a única coisa que você certamente pode mudar é a si mesmo. Você pode não ser capaz de reverter uma recessão econômica ou um desastre natural. Pode não ser capaz de concluir seu trabalho a tempo nem de convencer outras pessoas a fazer o que você quer. Mas você pode parar por um minuto. Pode usar esse intervalo para desacelerar o carro da vida e limpar o para-brisa. Você pode tirar férias de um minuto, esvaziando a mente de todas as preocupações. Pode tirar uma folga de um minuto entrando em contato com o que há de sagrado dentro de si mesmo.

Tire um minuto de folga agora e escreva algumas das situações nas quais você vivenciou (ou tende a vivenciar) a raiva, a confusão, o pânico, a pressão ou o choque – ocasiões nas quais você pode aplicar o minuto emergencial.

Ao ler os capítulos seguintes, continue praticando o minuto portátil *uma vez por dia* e o minuto emergencial *sempre que necessário.*

O minuto surpresa

Depois de dominar a técnica do *minuto básico* e se libertar com o *minuto portátil*, você pode experimentar o *minuto surpresa*. Por definição, ele não é planejado, por isso não pode ser praticado. Acontece da seguinte maneira: primeiro você percebe que não há nada que tenha de fazer imediatamente. Depois começa a se sentir um pouco atraído pela paz de espírito, a ansiar um pouco por um minuto para si mesmo. Por fim, você diz: "Ah, quer saber?, vou tirar um minuto." Surpresa!

São momentos bastante agradáveis, verdadeiras bênçãos numa vida tumultuada. Quanto mais praticar o *minuto básico* e o *portátil*, mais *minutos surpresa* você encontrará ao longo do dia. Você na verdade ficará espantado ao descobrir quantos *minutos surpresa* existem, mesmo em dias bastante ocupados. Eles sempre estiveram ali, mas você não os notava. Ou talvez os notasse, porém você não tinha nada de especialmente útil para fazer com eles. Agora você já sabe que cada dia tem muitas oportunidades de se apegar a um *minuto*.

Sempre que executar um *minuto surpresa* – principalmente quando não precisar dele –, você também estará diminuindo um pouco a possibilidade de se estressar ou entrar em conflito. É uma busca profilática pela paz.

À medida que descobrir mais e mais *minutos surpresa* no seu dia, você talvez descubra também que não está tão ocupado quanto pensava. Você não tem que fazer muitas das coisas que pensava que tinha. Boa parte das coisas que costumava fazer distraída ou complicadamente agora são feitas com mais facilidade e em menos tempo. E muitas das coisas que você costumava querer fazer não são tão agradáveis quanto a prática do *minuto*. Talvez você ainda descubra que, por mais que esteja mesmo ocupado, não se sente assim: você lida com todas as coisas com serenidade, fazendo uma de cada vez.

Pratique um minuto surpresa *agora mesmo.*

O minuto bônus

Uma das grandes esperanças que depositamos na tecnologia é a de que ela nos possibilite ter mais tempo livre. Mas as coisas não têm sido assim. Parece que, sempre que uma invenção surge para nos ajudar a poupar tempo, preenchemos esse intervalo com mais atividades. Nós nos locomovemos cada vez mais rápido, fazemos mais coisas e, embora mais ricos do que nunca na história, o tempo nos falta.

Desconfio de que um dos motivos para isso é que, apesar de a tecnologia nos fazer economizar tempo, ela consome nosso espaço mental. No tempo em que tínhamos de fazer mais coisas manualmente, elas demoravam mais e, enquanto as executávamos, tínhamos mais tempo para refletir, sonhar ou não pensar em nada. Assim, conforme passamos a realizar menos trabalhos manuais simples, nossas mentes começaram a ter menos tempo livre.

O *minuto bônus* lhe oferece uma maneira de compensar isso. Ele na verdade aumenta os benefícios de economia de tempo da tecnologia. Sempre que notar que alguma tarefa exigiu menos tempo do que o esperado ou se terminar algo antes do prazo, pratique um *minuto* de gratidão. Quando seu computador travar e você sentir que vai passar uma hora no telefone, furioso com o suporte técnico, mas acabar se deparando rapidamente com uma pessoa gentil e educada que resolve o problema em 15 minutos, pense: "Acabei de economizar 45 minutos. Certamente posso usar um deles para praticar o *minuto*."

Ao se acostumar cada vez mais com essa prática, use o *minuto bônus* sempre que notar que o que você está fazendo demoraria muito mais há 50 ou 100 anos. Assim, quando estiver viajando de avião, lembre-se de como sua viagem seria bem mais demorada de navio e pratique um *minuto*. Quando enviar um e-mail, perceba como demoraria para escrever aquela carta à mão e enviá-la por correio e pratique o *minuto*. Quando colocar suas roupas na máquina de lavar, lembre-se de quanto tempo você levaria para lavá-las num rio e pratique o *minuto*.

O *minuto bônus* é um meio de reinvestir os lucros da tecnologia no banco do bem-estar. Este é, na verdade, o único modo de poupar tempo.

Experimente o minuto emergencial, *o* minuto surpresa *e o* minuto bônus *sempre que tiver chance. Enquanto isso, pratique o* minuto portátil *uma vez ao dia, durante 30 dias, antes de tentar os próximos exercícios.*

PARTE 3

O instante no tempo

Ao colocar em prática as técnicas deste livro, você talvez descubra que tem mais tempo, que o tempo parece se expandir ou simplesmente que você está pensando no tempo de um modo diferente. Isso acontece porque o *método instantâneo* foi concebido com a intenção de libertar sua experiência em relação ao tempo, um instante de cada vez.

Como isso pode ser incômodo ou simplesmente difícil de acreditar, escrevi esta parte mais filosófica do livro para mostrar que o tempo não é algo tão fixo quanto geralmente pensamos. Esta parte do livro é para aqueles que, como eu, acreditam que um pouco de filosofia pode, às vezes, esclarecer o raciocínio. Ela ajuda a eliminar certas presunções, deixando-nos mais abertos para experiências verdadeiras.

A percepção do tempo

Apesar de geralmente acreditarmos que o tempo é uma coisa fixa "lá fora", nós o vivenciamos de maneira bastante variável. Depende de como nos sentimos, do que estamos fazendo, da nossa idade, nossa cultura e até mesmo do nosso lugar na história. Em outras palavras, apesar de pensarmos no tempo como algo absoluto, nossa experiência com ele é relativa.

Quando somos jovens, temos todo o tempo do mundo. Temos tanto tempo que não conseguimos imaginá-lo chegando ao fim. Até desejamos que ele passe mais rápido. Lá pelos 40 anos, no entanto, começamos a sentir que o tempo está passando rápido demais e que talvez nunca tenhamos a oportunidade de fazer todas aquelas coisas que vínhamos deixando de lado. Depois, nos tornamos sofregamente conscientes de que "nossos dias estão contados". Damos mais valor a cada manhã em que acordamos vivos. Meus pais brincam que, com a idade deles, nem sequer compram bananas verdes demais. O grande desafio psicológico da velhice é compreender o tempo que vivemos e fazer as pazes com o tempo que nos resta.

Quando estamos nos divertindo, o tempo parece passar rápido demais. Mas, quando estamos entediados ou esperando ansiosamente por algo, nos tornamos hiperconscientes do tempo e ele parece passar bem devagar.

Uma das experiências mais recompensadoras em relação ao

tempo é, na verdade, uma "não experiência" do tempo, chamada "estado de fluidez". De acordo com o psicólogo Mihaly Csikszentmihalyi, isso ocorre quando estamos intensamente envolvidos numa atividade que nos desafia, mas que não é desafiadora demais. Num estado de fluidez, na verdade deixamos de notar o tempo. Temos a experiência paradoxal do tempo passando rapidamente – porque estamos nos divertindo –, mas também a de dispormos de muito tempo – porque estamos atentos ao que fazemos.

Às vezes o tempo é vivenciado como útil e capacitante. Quando, por exemplo, estamos nos recuperando de uma doença, acreditamos que o tempo "cura tudo", e quando estamos de luto os amigos nos aconselham a "deixar o tempo passar". Mas quando nos deprimimos, o tempo não parece estar "ao nosso lado". Perdemos a fé no fluxo do tempo, como se o filme da vida estivesse paralisado numa cena especialmente desagradável. Quando a depressão desaparece, contudo, o tempo começa a fluir de novo: lembramos que todas as coisas passam e acreditamos que a vida vai melhorar depois que tudo passar.

As atitudes em relação ao tempo também variam de uma cultura para outra. Em algumas, as pessoas não se apressam, ao passo que em outras elas não diminuem o ritmo acelerado de suas vidas. Em certas culturas, o tempo é algo aproximado, enquanto em outras ele é exato. Certa vez coordenei um projeto envolvendo irlandeses e japoneses no qual essa diferença se tornou um grande problema. Depois de vários dias de confusão sobre o horário das reuniões, meus colegas japoneses me pediram, um pouco desesperados, para esclarecer se o horário era no "tempo japonês" ou no "tempo irlandês". O tempo japonês é sempre pontual; o tempo irlandês está constantemente meia hora atrasado ou adiantado.

Todos expressamos opiniões diferentes em relação ao tempo. Algumas pessoas acreditam que estarem ocupadas é sinal de sucesso ou popularidade. Outras fazem de tudo para "se manterem ocupadas", com medo do que possam sentir se não estiverem fazendo nada. Há aquelas que consideram a ocupação uma virtude por si só, como se dispor de tempo livre fosse um pecado. Há quem anseie por tempo livre ilimitado para poder se dedicar às suas criações, como os artistas e os escritores. Monges e freiras passam meses e até anos em contemplação silenciosa e consideram esse tempo sagrado.

Nossa percepção do tempo também envolve o trabalho. Na Revolução Industrial – dominada por relógios mecânicos, linhas de montagem e estudos sobre eficiência –, tornou-se importante saber precisamente quantas unidades de tal item são produzidas em determinado período de tempo e exatamente quando cada trabalhador entrou e saiu da fábrica. Em geral, quanto mais você trabalhava, mais ganhava. Não é de admirar que acabamos acreditando que tempo é dinheiro e começamos a observar mais o relógio. E contar o tempo. E contar e contar.

Na Era da Informação, estamos rumando para um "tempo flexível". O trabalho com base somente no tempo não faz tanto sentido quanto antes, já que ideias não são "coisas" e não podem ser medidas em unidades. Uma ideia, concebida num instante, pode ter implicações enormes. Portanto, um "homem de ideias" aborda o tempo de maneira mais flexível. Ele aprende a desenvolver as circunstâncias especiais e geralmente excêntricas que estimulam a criatividade e a confiar na inspiração quando depara com ela – não importa a que horas.

A tecnologia também alterou nosso sentido do tempo. Atualmente vivemos "acima" da natureza, como se tivéssemos dominado seus ritmos. Frutas e legumes que antes eram cultivados apenas em determinada estação hoje estão disponíveis, em embalagens herméticas, o ano todo. Não somos mais limitados pelo sol: com a iluminação elétrica, a central de aquecimento e o ar-condicionado, nosso mundo está aberto para os negócios e o prazer o tempo todo. Hoje podemos fazer o que queremos em meio aos dias cinzentos do inverno e ao calor insuportável do verão. Nas cidades e em seus arredores, consideramos a neve e a chuva interrupções: a natureza é algo que atrapalha nosso deslocamento.

Antes, quando viajávamos a cavalo e não havia telefone, nossa experiência do tempo talvez fosse mais aproximada. Devia ser comum chegar a algum lugar com um atraso de dias ou semanas, depois de uma longa viagem. Hoje, contudo, controlamos obsessivamente o tempo. Procuramos pelos horários de chegada e partida on-line. E narramos cada estágio da jornada: "Estou preso no tráfego. Parei para abastecer. Estou no trem. Saí do trem. Chego em cinco minutos. Me encontre no térreo em um minuto. Estou na porta." Porém, à medida que controlamos o tempo com mais e mais precisão, também ficamos um pouco enlouquecidos. Temos ciúmes do tempo, ficamos obcecados por ele e o protegemos. E parece que, quanto mais o controlamos, menos dele temos.

Algumas pessoas não precisam de tanto tempo para realizar seus trabalhos, na verdade precisam de um prazo final. Em inglês, a palavra para prazo, *deadline*, originalmente se referia a uma linha ao redor da prisão militar, além da qual um prisioneiro podia ser morto. Na verdade, é exatamente desse jeito que nos sentimos ao nos aproximarmos do prazo final: como se fôssemos morrer. Ainda assim, a ideia do tempo "se esgotando" parece concentrar nossa atenção em realizarmos a última e mais difícil obra. Um prazo pode nos dar um pouco mais de entusiasmo, como um arranque final até a linha de chegada. Há muitas pessoas que, sem um prazo, não são capazes de produzir nada; mas, sob a pressão de uma data definida, são capazes de criar maravilhas.

Seja qual for nossa percepção do tempo, ainda somos criaturas sujeitas às leis da física: ainda temos corpos que sofrem as ações do tempo e, no fundo, ainda o vemos como um bicho-papão. Quando as mulheres, por exemplo, dizem que "seus relógios biológicos estão correndo", nunca falam isso com prazer – apenas medo. O velho e bom Pai Tempo se confunde com o Anjo da Morte.

Uma das ideias mais comuns sobre o tempo é que ele é como uma "prisão". Nós nos sentimos enjaulados por ele, como vítimas, pois temos muito o que fazer, mas o tempo é insuficiente. Trabalhando mais todos os dias e tirando menos dias de férias, muitas pessoas anseiam por mais tempo ou pelo menos algum tempo livre. Com a vida atribulada que levamos, nos faltam oportunidades para nos livrarmos do tempo (ou para escaparmos de suas garras). Nos sentimos culpados pela falta de tempo para ficar com os filhos e tentamos nos consolar dizendo que o que importa não é a quantidade, e sim a qualidade. Estamos tão dominados pela organização cultural do tempo que nos alienamos de nossos próprios ritmos naturais. Um dos verdadeiros prazeres de se tirar férias ou um ano sabático é que esses períodos extraordinários nos permitem vivenciá-lo com mais liberdade. Podemos ficar mais tempo na cama ou dormir quando nos sentimos cansados.

Mas talvez o que desejemos mesmo não seja mais tempo ou mais tempo livre, e sim nos sentirmos livres do tempo. Queremos saber como seria a vida sem ele. Muitas pessoas se voltam para as drogas e o álcool justamente para terem essa experiência. Mas também vivenciamos isso nos sonhos, nas histórias e na imaginação. Nesses domínios, estamos livres dos limites do tempo e do espaço. (A frase de abertura dos contos de fada – "era uma vez" – não significa "há muito tempo", e sim "num mundo além do tempo".) Nos sonhos, podemos atravessar paredes, mudar de forma, nos transformar em árvores e animais e outras pessoas, reencontrar nossos ancestrais e nos sentir sem limitações. Ficamos livres do peso da gravidade – uma sensação que provavelmente não vivenciamos desde o útero. Nos sonhos, no teatro, nos filmes, nas músicas, nas histórias e nos poemas, podemos escapar da prisão do tempo e sentir um pouco do que é possível sem ele.

A natureza do tempo

Apesar de nossa percepção do tempo variar, ainda tendemos a acreditar que ele é uma "coisa" objetiva. Mas há muito que não sabemos sobre a natureza do tempo e muito que talvez jamais venhamos a saber. É o que conclui o físico Paul Davies: "Para ser totalmente honesto, nem cientistas nem filósofos sabem realmente o que é o tempo ou por que ele existe." Alguns físicos e filósofos na verdade argumentam que o tempo não existe.

O objetivo deste capítulo não é relevar a verdadeira natureza do tempo nem contar uma cansativa história sobre ele, mas ajudar você a se libertar de suas suposições a respeito dele. Porque a natureza do tempo é inseparável da natureza da mente. Assim, se você mudar sua mentalidade, o vivenciará de outro modo – e talvez até mude o tempo também.

• • •

Ao longo da história, houve duas principais visões a respeito do tempo: o tempo cíclico e o linear. A maioria das sociedades acredita numa combinação dessas duas ideias.

No tempo cíclico, a vida parece se repetir sem qualquer progresso ou desenvolvimento. Há provas disso bem diante dos nossos olhos: o sol nasce e se põe, e nasce novamente, a lua se enche e míngua, e as estações se repetem ano após ano.

Já na visão linear do tempo, ele é encarado como um segmento de reta, não como um círculo: se você continuar seguindo adiante, jamais voltará para onde começou. Temos provas do tempo linear bem diante de nossos olhos também: vemos as plantas e as pessoas crescendo e envelhecendo de modo previsível. Para a maioria dos indivíduos, o "tempo linear" também sugere que ele tenha uma direção, isto é, que segue para a frente. Claro que, se você estiver diante de uma linha infinita, é impossível dizer qual direção é a frente – nós simplesmente seguimos a multidão.

Quando os seres humanos começaram a marcar o tempo, os métodos se baseavam simplesmente nos ciclos solares e lunares. Um dia era um período entre uma alvorada (ou crepúsculo) e outra. Um mês era um período entre uma lua nova (ou cheia) e outra. E o ano solar era o período entre um solstício de inverno (ou de verão) e outro.

Até mesmo quando os calendários foram inventados, há cerca de 5 mil anos, e depois que fomos capazes de contar facilmente os ciclos adicionados linearmente, ainda acreditávamos que essa progressão estava submetida a grandes ciclos de criação e destruição. Se havia algum avanço dentro de um ciclo, era considerado temporário. Vivenciávamos o Universo como um retorno eterno.

Os calendários são, claro, uma tentativa de marcar e ordenar o tempo, mas eles nunca representaram os ciclos naturais com exatidão. A natureza não é tão organizada quanto gostaríamos que fosse. A rotação da Terra, por exemplo, com base na qual medimos os dias e os anos, é na verdade irregular. Nosso calendário é tanto o resultado de um compromisso político e científico quanto um mapa preciso e estável do tempo.

O conceito de um mês, por exemplo, baseava-se originalmente nas fases da lua, porém não era adequado aos calendários medidos em dias, porque eles se baseiam nas observações do sol. Cada mês lunar na verdade dura aproximadamente 29,5 dias solares, mas nossos "meses" hoje têm 28, 29, 30 ou 31 dias, só para que possamos ter 12 meses num ano. E muito embora um "ano" e um "dia" se baseiem, ambos, em nossa posição relativa ao sol, eles não se combinam como gostaríamos. Um ano é composto, em média, por 365 dias, 5 horas, 48 minutos e 45,51 segundos. Não é um número redondo e consistente, por isso temos de ajustar o sistema com anos bissextos e até mesmo, às vezes, com segundos bissextos.

Portanto, vamos nos lembrar de que muito pouco do que hoje conhecemos como "tempo" é totalmente consistente com a natureza. A história do tempo é, na verdade, a história da tentativa das pessoas de impor certo tipo de ordem cultural ou mental num mundo natural que não é tão organizado quanto gostaríamos que fosse.

A ideia do tempo linear ganhou impulso com a escritura do Gênesis, que colocou o início do Universo como um ato único de criatividade divina. Essa ideia do tempo se espalhou com sucesso entre as civilizações cristãs e muçulmanas. Havia acabado a noção de que nosso mundo não passava de um entre muitos ciclos de criação e destruição. Com a ideia de um início determinado, também podemos pensar para onde estamos indo. O passado e o futuro ganharam uma nova dimensão.

Mas, mesmo com a ideia do tempo linear, nossa capacidade de marcar o tempo e, portanto, nossa sensação do tempo ainda permaneceram imprecisas – por muito tempo. Até recentemente não dispúnhamos dos sofisticados aparelhos de contagem do tempo e de uma teoria coerente para contá-lo e medi-lo.

É interessante tentar imaginar como era a vida antes dos relógios. Como sabíamos as horas? Como sabíamos que determinado período de tempo havia passado? Os instrumentos primitivos não eram muito úteis. Relógios solares, cujo funcionamento se baseava no deslocamento das sombras, só são úteis quando há sol e exigem ajustes de acordo com a latitude. Algumas culturas usavam ampulhetas ou queimavam um graveto de incenso para marcar períodos definidos, mas esses instrumentos não conseguiram se manter "atualizados" com o tempo.

Foi somente no século XI que o uso de relógios mecânicos se espalhou pela Europa. Apenas no século XIV, com a construção dos relógios de torre por todo o continente europeu, é que uma espécie de tempo comum ou padronizado se tornou disponível (e audível) a todos. E só com o desenvolvimento do pêndulo, no século XVII, é que a marcação do tempo pôde ser considerada remotamente precisa. Antes dos pêndulos, os relógios tinham uma margem de erro de mais ou menos 15 minutos por dia. Com os pêndulos, essa margem foi reduzida para mais ou menos 15 segundos.

No que diz respeito ao tempo, o passo seguinte se deu no fim do século XVII, com as leis da física de Isaac Newton. De acordo com ele, o espaço e o tempo eram como um recipiente ou grade dentro da qual tudo se movia. O tempo passava sem qualquer tipo de referência. As leis de Newton requeriam um Universo no qual o tempo e o espaço fossem absolutos: invariável e simples.

Newton usou o relógio mecânico como uma metáfora do próprio Universo, com Deus como o relojoeiro que montou as engrenagens e o Universo funcionando, de acordo com a vontade Dele, como um relógio. Ao empregar essa metáfora, Newton talvez estivesse influenciado pela novidade do seu tempo: o primeiro relógio de pêndulo havia sido criado 30 anos antes.

As descobertas de Newton tiveram um enorme poder de previsão e seus ideais contribuíram muito para as revoluções científica e industrial. Sua metáfora do "Universo como um relógio" se tornou o conceito predominante do tempo ao longo de 300 anos. Acabamos por considerar o tempo algo fixo e externo, como se houvesse de fato um gigantesco relógio no Universo mantendo o tempo.

A partir da mecânica de Newton surgiu a mecanização. Munidos do conhecimento sobre o assunto e seu funcionamento, engenheiros foram capazes de alterar drasticamente nosso mundo, e acabamos por acreditar que tudo poderia ser previsto e controlável como uma máquina: se você colocar algo em x, o resultado será y – e você sabe quando esperar que isso aconteça. Isso parecia, claro, confirmar nossa ideia de que o passado gerava o presente e de que este gerava o futuro. Em outras palavras, as leis de Newton reforçaram a visão do tempo linear. E não apenas o progresso linear era possível como também éramos capazes de prevê-lo.

Mesmo assim, apenas em meados do século XIX surgiu um meio de sabermos facilmente as horas em qualquer lugar. Lembre-se de que, antes de o mundo ser dividido em fusos horários, todo o tempo era extremamente localizado: o tempo se baseava na localização do Sol em relação ao observador. Isso não era um problema, até que a invenção do telégrafo elétrico e o crescimento das ferrovias começaram a acelerar as coisas. Tornou-se muito importante saber, ainda que fosse muito difícil de calcular, o horário em que as pessoas (ou as informações) chegariam a seu destino. Com a Exposição Mundial de Londres de 1851 e 6 milhões de pessoas chegando de trem, vindas de toda a Grã-Bretanha, o problema se agravou, principalmente para aqueles que estavam tentando escrever e ler as tabelas de horários dos trens.

A solução foi a Hora de Greenwich: uma tentativa de padronizar o tempo em todo o Reino Unido. Criada em 1852, ela era transmitida duas vezes ao dia para todo o país por telégrafo, informando a todos, instantaneamente, a hora oficial do país. Em 1884, num extraordinário feito de organização mundial, a Conferência Internacional do Meridiano padronizou o mundo todo, dividindo-o em fusos horários, tendo a Hora de Greenwich como referência.

Essa foi, provavelmente, a maior conquista entre os esforços da humanidade para manter o controle sobre o tempo. Finalmente cada país (ou região) tinha uma hora consistente e era possível saber, sem dificuldades, a hora em qualquer lugar do mundo, tornando muito mais fáceis as viagens, a comunicação e os negócios. Mas esse sistema tem um enorme problema: na maioria dos lugares, hoje, não existe mais o tempo "natural". Para dizer a hora, em vez de olhar para o Sol, você consulta seu relógio, e ele é ajustado de acordo com uma autoridade central. Isso, claro, tornou a vida muito mais fácil, mas não é exatamente consistente com a natureza.

A crença no tempo linear teve outro impulso com as novas teorias e descobertas do fim do século XIX e início do século XX. A teoria da evolução reafirmou a ideia de direção e progresso. A teoria do Big Bang deu uma base científica ao início do tempo. A expansão da democracia e dos direitos civis confirmou nossa fé na ideia de progresso.

Talvez a mais marcante indicação do triunfo do tempo linear tenha sido a invenção dos relógios digitais. Os analógicos, com um ponteiro grande e outro pequeno constantemente girando, nos dão uma ideia muito forte do tempo como algo cíclico. Mas com os relógios digitais o tempo realmente parece estar avançando. Hoje a hora é mostrada como um número em nosso relógio de pulso, no celular, no computador.

A crença no tempo linear (e progressivo) hoje já ofuscou quase que completamente a ideia do tempo cíclico. Não nos sentimos mais integrados aos ciclos naturais nem pensamos na vida como algo que se repete. Os países industrializados atualmente pensam apenas em progresso e crescimento. Acreditamos que nossas vidas deveriam "acrescentar" algo. Gostamos de crer que estamos indo a algum lugar.

Se bem que certas descobertas do século XX, em especial a teoria da relatividade de Einstein, lançaram uma sombra de dúvida sobre o tempo linear, mostrando que o tempo não é nem absoluto nem objetivo. A teoria de Einstein afirma que o tempo, o espaço e o movimento estão profundamente relacionados entre si. O tempo no qual os eventos ocorrem na verdade depende da sua distância em relação ao próprio evento, da sua velocidade e direção. A teoria foi posteriormente provada num experimento no qual um relógio atômico, transportado em alta velocidade por um avião, avançou mais lentamente do que um relógio atômico no solo.

De acordo com Einstein, não existe um "agora" cientificamente confiável para todos ao mesmo tempo: o tempo de todos é diferente. Existe o seu e o meu "agoras", mas não existe o "agora" objetivo. A hora não é a mesma em todo o Universo. Einstein provou que o tempo é relativo.

Apesar de a teoria de Einstein ter surgido como uma surpresa, se a analisarmos mais de perto podemos notar algumas "provas" dela na nossa vida cotidiana. Quando falamos em tempo, em geral nos referimos a ele em termos de espaço: dizemos a extensão do tempo, a quantidade de tempo e o período de tempo. Mencionamos se nossos dias são cheios ou tumultuados. Dizemos que precisamos de algum espaço quando na verdade queremos algum tempo. Damos um tempo livre para nossos filhos quando isso também significa algum espaço para ficarem sozinhos.

Uma das conclusões mais surpreendentes da descoberta de Einstein é a de que, para um observador, um evento pode estar no passado, mas para outro pode estar no futuro. Einstein na verdade concluiu que "o passado, o presente e o futuro são ilusões, ainda que persistentes". Este é um desafio sério para o conceito do tempo linear: sem passado, presente e futuro, como podemos dizer que estamos avançando? Como podemos pensar em nossas vidas como uma reta? E se o tempo não está avançando, o que está acontecendo?

Sendo o passado e o futuro relativos, não somos mais capazes de pensar no tempo como tendo uma direção. Os físicos hoje debatem seriamente algo que já foi exclusivo da ficção científica: viagem no tempo, universos paralelos e realidades múltiplas. E o mais importante é que, se o passado e o futuro não são absolutos e não têm uma direção, devemos ignorar nossa suposição de que o passado tem consequências no presente e vice-versa. Podemos até mesmo ignorar a ideia de que qualquer coisa tem consequência sobre outra.

Está ficando claro que o tempo linear não serve para explicar toda a história. Alguns historiadores hoje acreditam que outra perspectiva, chamada de "tempo caótico", esteja suplantando a visão linear do tempo. Talvez você nunca tenha ouvido falar disso, mas provavelmente já o sentiu. O "tempo caótico" descreve um mundo onde não temos mais fé na narrativa linear. Não acreditamos mais que estamos indo a lugar algum e perdemos a certeza de que o futuro será melhor do que o passado. Aceitamos o fato de que o tempo é vivido de maneira diferente por pessoas diferentes em lugares distintos. Temos problemas para contar uma história coerente sobre nossas vidas e culturas. O passado, o presente e o futuro se combinam numa dança complexa e difícil de compreender. O "progresso", se é que ele existe, talvez não seja algo tão bom. Isso deixa algumas pessoas constrangidas, mas também faz com que outras queiram dançar.

Seja qual for nossa visão do tempo, o importante é lembrar que os relógios jamais foram capazes de medi-lo. O tempo não é uma "coisa" que existe para ser medida. Essa é apenas a mais persistente ilusão que temos sobre o tempo. O modo como dividimos o dia – em horas, minutos e segundos – é apenas uma convenção. Você também pode muito bem dividir o dia em 12 horas (o que algumas culturas fizeram) ou 10 horas (um sistema decimal proposto pela França depois da Revolução). Na verdade, por quase 2.500 anos a maioria das culturas usou um sistema chamado de "horas temporais", no qual sempre houve 12 horas de dia, sem levar em conta a estação do ano. Para isso, a duração de uma "hora" na verdade variava com as estações.

A verdade é que ninguém tem certeza quando o assunto é o tempo. O físico Paul Davies disse, na introdução do seu livro *O enigma do tempo*: "(...) você pode muito bem se sentir ainda mais confuso quanto ao tempo depois de ler este livro. Está tudo bem; eu mesmo me senti ainda mais confuso depois de escrevê-lo."

Alguns físicos vão ainda mais longe. Julian Barbour, em seu provocativo livro *The End of Time*: "(...) o importante é se livrar da ideia do tempo como uma coisa. Ele não existe. Tudo o que existe são coisas que se alteram. O que chamamos de tempo é – ao menos na física clássica – simplesmente um conjunto de regras que determinam as mudanças." Em outras palavras, sentimos as coisas se alterando e precisamos de regras para compreender essa alteração, regras que chamamos de tempo. Se isso realmente existe ou se é simplesmente uma impressão, um produto de nossas mentes, ainda é um mistério.

• • •

Se somos capazes de aceitar que ninguém sabe realmente o que é o tempo e que ele talvez não exista, isso pode mesmo nos ajudar na nossa tentativa de dominar o instante. Porque, se quer mesmo dominá-lo, você precisa, antes de mais nada, abdicar da noção de tempo como "algo" absoluto e progressivo, ou de que o tempo linear é o único existente. Deve compreender que ele é – pelo menos até certo ponto – uma projeção de nossas mentes. Você deve começar a acreditar que pode se afastar dessas suposições, ao menos momentaneamente.

O tempo linear tem, claro, suas utilidades, mas talvez o tempo caótico nos ajude a nos livrar dessa armadilha. O tempo absoluto é, com certeza, eficiente, mas talvez o tempo relativo nos livre da sua tirania. Quem sabe possamos deixar de ser vítimas do tempo. Talvez nossa percepção do tempo se torne mais flexível. Talvez possamos aprender a brincar com o tempo, sabendo que ele não é tão real quanto pensamos. Porque só é possível compreender mesmo o tempo depois que ele se permitir ser compreendido.

PARTE 4

Treinamento avançado

O ciclo da respiração única

Neste primeiro estágio do treinamento avançado, você aprenderá a reduzir a extensão do *minuto portátil* aos poucos, aproximando-o ainda mais do instante.

Comece com a contagem da respiração média que você estava usando para o *minuto portátil* e a reduza em apenas uma inspiração e uma expiração. Se sua contagem média, por exemplo, for 30, reduza-a para 28. Não são necessárias respirações mais profundas ou lentas, nem é preciso tentar continuar por um minuto completo. Em outras palavras, seu *minuto portátil* se transformará em *menos-de-um-minuto portátil.* Você está aprendendo a entrar num estágio de tranquilidade em menos tempo. Pense nisso como um "treinamento rápido", como um treino de resistência ao contrário.

Continue se aquecendo e se acalmando e mantenha os olhos fechados. Como sempre, concentre-se na respiração. Neste exercício, você deve perceber a mesma tranquilidade que sentiu com o *minuto básico*, só que mais rápido.

Depois de praticar durante uma semana, reduza sua contagem média de respirações em mais uma inspiração e uma expiração. Faça isso durante uma semana e reduza sua contagem em dois a cada semana.

Se achar que está perdendo alguma coisa – que não está chegando tão longe quanto chegava num minuto inteiro –, então acrescente algumas respirações ou retome o *minuto básico* até se sentir preparado.

Mas se você estiver contente com seu progresso, então continue a reduzir a respiração a cada semana, até que seja capaz de atingir a maravilhosa paz do *minuto básico* com apenas uma inspiração e uma expiração. Esse é o *ciclo da respiração única*. Com apenas um ciclo de inspiração e expiração, você sente os benefícios purificadores e revigorantes que antes demorava um minuto inteiro para sentir.

O *ciclo da respiração única* é muito curto, mas extremamente valioso. Você pode praticá-lo no lugar do *minuto emergencial*, do *minuto surpresa* ou do *minuto bônus*. Mas nunca o execute com pressa. Não se esqueça de fazer um breve ritual antes e depois. E tenha certeza de ter exalado todo o ar antes de abrir os olhos lentamente.

Realize o ciclo da respiração única *uma vez por semana e sinta-se totalmente à vontade com ele antes de avançar para o próximo exercício.*

Livrando-se das muletas

Até agora, você estava acostumado a se aquecer e se acalmar para obter um tempo especial da vida cotidiana – algum tempo fora do tempo –, a fim de conseguir algo de extraordinário. Ao longo do aquecimento, você dizia: "Vou conseguir algo de especial" e ao se acalmar falava: "Isso foi realmente especial." Mas não podemos ficar tão dependentes assim de rituais, e neste capítulo você aprenderá a prática sem o auxílio deles.

Abandonar os rituais é algo que pode despertar certa ansiedade. Sem eles, você talvez se preocupe por não haver nada que limite sua experiência da tranquilidade. Não haverá mais um "antes" e um "depois". Você talvez até comece a se perguntar por que não está vivenciando isso o tempo todo. O que o está impedindo de mergulhar num estado de serenidade sempre que quiser? O que impede que toda a sua vida seja essencialmente tranquila? Bem, é exatamente por isso que abandonamos o ritual: para levantar essas questões.

Abandonar o ritual ajuda você a perceber que a vida é ainda melhor quando não a fragmentamos. Livrar-se dele ajuda a encontrar o extraordinário em meio ao ordinário e a perceber que a vida comum por si só já é especial. Abandonar o ritual ajuda a notar que a única diferença entre o ordinário e o extraordinário é para onde canaliza sua atenção, como percebe as coisas e como escolhe sentir o tempo. Isso significa que você talvez seja capaz de querer ser mais tranquilo agora mesmo, sem precisar de quaisquer preparações ou condições especiais. Você é capaz de suportar?

Tente praticar o ciclo da respiração única *agora, sem os rituais.*

Se essa mudança parecer repentina e intensa demais para você, então abandone apenas um ritual por vez – o aquecimento ou o descanso. Em momentos de estresse ou quando se sentir desconcentrado, não há nada de mal em reincorporar um ritual. A ideia fundamental é aprender que você pode optar por fechar os olhos e mergulhar num estado de paz profunda, agora mesmo, parando o que está fazendo para se ater à respiração. A qualquer hora, sem condições especiais, você pode simplesmente ser.

Sem os rituais, o *ciclo da respiração única* se torna ainda mais portátil e útil. Você pode executá-lo praticamente em qualquer lugar, não importa a hora: esperando o sinal abrir, enquanto aguarda numa fila, durante uma reunião. Pode praticá-lo antes de enviar um e-mail ou logo depois de assinar um contrato, agora que você se comprometeu com alguma coisa. Na verdade, o *ciclo da respiração única* pode ser aplicado em qualquer evento, projeto ou até pensamento importante.

Assim, o *ciclo da respiração única* na verdade se transforma num ritual em si mesmo: você pode usá-lo como aquecimento ou para descansar em qualquer situação. Simplesmente pare de prestar atenção ao mundo, concentre-se na sua respiração e absorva a tranquilidade. Ninguém precisa sequer notar.

Naqueles dias em que as exigências alheias o estiverem abarrotando ou você simplesmente estiver sem tempo e sem espaço para si próprio, você poderá recorrer a um recurso extraordinário para ser usado em praticamente qualquer lugar, sempre que quiser. Você se tornou um mestre da *respiração única.*

Tente praticar o ciclo da respiração única *sem os rituais, ao menos uma vez por dia durante sete dias, antes de seguir adiante. (Lembre-se de exalar todo o ar* e *abrir os olhos lentamente.)*

A qualquer momento

Agora, as ocasiões em que você precisava de um minuto inteiro e todos aqueles acessórios – um cronômetro, aquecimento e solidão – só para encontrar um pouco de paz devem lhe parecer uma lembrança distante, a Idade da Pedra do seu aprendizado. Agora você demora tão pouco para praticar que quase não precisa de tempo algum. É difícil imaginar que exista para onde prosseguir. É difícil até acreditar que exista outro acessório do qual se livrar. Mas existe.

Agora que você é capaz de fazer o *ciclo da respiração única* sempre que quiser e em qualquer lugar, é hora de perder o controle um pouco. Deixe que o mundo decida quando é a hora certa para seu *ciclo da respiração única.* Claro que não foi assim que nos ensinaram a viver. Queremos controlar nossos compromissos. Queremos controlar o tempo. Mas, neste exercício, a ideia é deixar que o mundo o lembre de praticar o *ciclo da respiração única* quando ele quiser. Este é, na verdade, um componente muito importante para se tornar um mestre, porque ele deve estar preparado para agir o tempo todo, sem aviso prévio.

Este exercício é inspirado na famosa "meditação telefônica" do professor zen Thich Nhat Nanh. Ele sugere que, sempre que o telefone tocar, em vez de imediatamente deixar tudo de lado para atendê-lo, use o primeiro toque como uma ocasião para parar e respirar fundo. Mas neste exercício você não precisa de um telefone: pode usar qualquer som disponível. Sempre que ouvir um sino de igreja, pratique o *ciclo da respiração única.* Ou sempre que começar o intervalo comercial. Ou quando chegar ao fim de um parágrafo.

Você pode descobrir o que o desperta com mais ou menos frequência ou pode dispor de vários sons. Pode experimentar "O som da semana" ou ter diferentes sons para lugares diferentes – casa e trabalho, cidade ou interior. Você pode usar qualquer elemento como som, sejam campainhas, sirenes, descargas, buzinas, o canto dos passarinhos ou o choro de um bebê. As possibilidades são infinitas. Pense em praticar isso até o fim da vida.

Amanhã, preste atenção e anote todos os sons possíveis para o ciclo da respiração única. *Escolha um e use-o por uma semana. Depois escolha um diferente e use-o por mais uma semana, antes de continuar.*

Consciência momentânea

O próximo passo do treinamento não pode ser exatamente praticado, pelo menos não do mesmo modo que você tem feito até agora. Nesta etapa, em vez de decidir praticar o *ciclo da respiração única* num momento específico ou esperar por um som predeterminado, simplesmente deixe que ele aconteça espontaneamente. Sempre que lhe ocorrer, feche os olhos e pratique o *ciclo da respiração única* com toda a atenção. Faça isso toda vez que a ideia lhe ocorrer. Como agora.

Faça isso sem qualquer som – em qualquer lugar e sempre que quiser. Permita que isso lhe ocorra com frequência. Até aqui, seu treinamento lhe ensinou que você não precisa mais de quaisquer rituais ou contar as inspirações e expirações. Apenas feche os olhos e se concentre totalmente na sua respiração. Depois retome o que você estava fazendo ou pensando. Não se preocupe com o tempo que irá levar. Como provavelmente já percebeu, sempre que você estiver praticando não estará perdendo tempo, mas ganhando.

Apesar de recomendar que continue praticando todos os exercícios que aprendeu até agora, você provavelmente já notou algo especial. Sem a prática formal e sem recursos que o auxiliem, você está vivenciando momentos de quietude ao longo do dia. Por um ou dois segundos, várias vezes ao dia, você se descobre respirando fundo e voltando à quietude que conhece intimamente. Em outras palavras, você agora percebe que a vida é uma série de momentos lhe proporcionando infinitas oportunidades de se sentir em paz. Em vez de buscar a quietude, é ela que vai ao seu encontro. A quietude começa a se apresentar como sua natureza verdadeira. Você já está preparado para conhecer o instante.

PARTE 5

Descobrindo o instante

O que é o instante

Ao reduzir a extensão do *minuto básico* pouco a pouco, você já estava se aproximando do instante. Mas, afinal, o que ele é? Como já viu, não é fácil definir o tempo. Pois o instante é ainda mais difícil. Como é possível medi-lo? É possível encontrá-lo num mapa? É possível segurá-lo nas mãos? Existe um único relógio que tenha apontado um instante?

Gostaria de lhe oferecer este "exercício de raciocínio" para ajudá-lo a compreender o que é o instante e por que é tão difícil atingi-lo. Imagine uma linha que vá do seu passado mais remoto até o futuro. Essa é a linha do tempo, a linha imaginária sobre a qual você vive sua vida. Na maior parte do tempo, sua mente está ocupada com um segmento determinado dessa linha: seus pensamentos e sentimentos em relação ao passado ou futuro. Você está se lembrando, se arrependendo, romantizando e reconstruindo. Ou está ansiando por coisas que não tem ainda, se esforçando para obter os resultados imaginados, fantasiando sobre onde gostaria de se encontrar algum dia.

Agora se imagine puxando essa linha para perto de você, ao mesmo tempo do passado e do futuro. À medida que ela se aproxima, em algum momento não haverá passado ou futuro – não restará qualquer porção de tempo. Esse ponto indeterminado – sem qualquer extensão para o passado ou futuro – é o agora. Esse é o instante.

O passado e o futuro são como fantasmas que assombram nossas mentes e nos distraem do que está acontecendo agora. Eles têm medo do instante, porque dentro dele os fantasmas não existem: o passado é apenas uma lembrança – não muito precisa – e o futuro é apenas uma fantasia. Você consegue sentir tanta tranquilidade no instante, e só nele, porque não está carregando o passado e correndo atrás do futuro. No instante, você deixa de perseguir esses fantasmas, e eles param de persegui-lo.

Como o momento não tem duração, ele não é uma unidade de tempo. Na verdade, o instante não é coisa alguma – e é por isso que não se pode apontá-lo. O instante, acredito, é uma experiência – uma experiência na qual você dá lugar ao que é atemporal. Em outras palavras, o instante é um ponto de fuga no tempo. Ele é tão pequeno que chega a ser enorme, tão infinitesimal que na realidade é infinito.

Quando você está totalmente atento ao instante, seu diálogo com o tempo é interrompido, como se o próprio tempo parecesse parar. E é por isso que viver o instante é tão extraordinário e tão desejado por seres espiritualizados: nele, você alcança o eterno.

E no instante está a libertação do tempo. Muitas coisas acontecem simultaneamente: você talvez descubra algo sobre si mesmo. Você talvez tenha uma nova ideia. Talvez vivencie a interconexão fundamental entre você e todas as coisas. Você talvez sinta uma necessidade repentina de sorrir sem motivo algum. Talvez exploda em gargalhadas ou em lágrimas diante da perfeição de tudo. Você talvez até sinta o mundo a partir de uma perspectiva muito, muito maior.

Também é possível, no instante, que não sinta nada. Em outras palavras, você simplesmente deixa de ser: não há você, então você não está lá para sentir. Esse pode ser o instante mais grandioso de todos. Na verdade, ele é tão extraordinário que não há palavras para descrevê-lo. O monge zen Saigyo o descreve assim:

O que é
não sei;
mas com gratidão
minhas lágrimas caem.

Antes do instante

Ao se aproximar do instante, algumas coisas estranhas podem começar a acontecer. Você talvez sinta que seu corpo começou a tremer e se descubra pensando: "Não vou lá." Pode ser que sinta que sua cabeça vai explodir. O mais provável é que sua mente lhe proporcione todos os tipos de ideias e distrações – algumas bem inteligentes – apenas para impedi-lo de alcançar o instante. Que estranho: aqui está você, tão perto de algo para o qual se preparou durante meses ou até anos, e a sensação é que você está correndo na direção contrária. O que é isso?

Para estar no instante é necessário que abandonemos nossa autopercepção tradicional, mas não gostamos de fazer isso. Nosso "ego" é construído com base nas experiências passadas – e as lições que "aprendemos" com elas – em nossas esperanças e expectativas para o futuro, coisas que não existem no instante. Mas gastamos tanto tempo "vivendo" no passado e no futuro que não sabemos o que somos sem eles.

Num nível até mais fundamental, nossa autopercepção se baseia na ideia de que existe de fato um passado e um futuro. A própria ideia de "identidade" se fundamenta na suposição de que algo em nós se sobrepõe ao tempo – que existimos essencialmente como a mesma pessoa de um momento ao outro. Por isso, quando você abandona a ideia de passado e futuro, também abandona o conceito que faz de si mesmo. Isso é o que torna a experiência do instante, em sua forma mais profunda, verdadeiramente avassaladora.

A experiência do instante é, na verdade, uma morte – não a morte do seu corpo, mas do que você pensa ser. Por essa razão é que ela pode ser tão assustadora: você não sabe existir sem você mesmo. Mas o que está morrendo é apenas o conceito de si mesmo – o que os místicos chamam de "ser pequeno". E quando esse "ser pequeno" morre, algo maior aparece. Quando você se abandona, o que acontece é ao mesmo tempo magnífico e sutil. Vamos explorar algumas dessas variações mais drásticas da experiência no próximo capítulo. Mas, para resumir, quando abdica de suas suposições e expectativas, você se permite ser surpreendido. Permite que a vida – ou Deus – lhe mostre algo novo.

A melhor coisa do *método instantâneo* é que essa "morte" acontece pouco a pouco, por isso é menos assustadora. Na verdade, ela provavelmente já aconteceu – por um momento, claro – durante cada um de seus *minutos básicos* e até seus *ciclos de respiração única*. Em algum momento em cada um desses exercícios houve, provavelmente, uma hora na qual você esteve tão concentrado na sua respiração que não havia mais um "você". Você perdeu a consciência de si mesmo. (Talvez não tenha percebido, claro, porque não estava lá.) Como disse antes: quando você está totalmente envolvido pelo instante, não apenas para de fazer como também para de ser. E é por isso que ele é tão revigorante – porque a coisa mais estressante da vida é nossa tentativa de manter uma ideia sobre nós mesmos o tempo todo.

Alguns instantes famosos

Alguns instantes são tão grandiosos que, preparado ou não para eles, você os percebe. Eles são como flashes de luz, tão brilhantes na verdade que revelam e tão contrários ao que esperamos que mudam o curso de nossa vida e, às vezes, a de muitas outras pessoas. Certas vezes são chamados de milagres. Eles também já foram chamados de "auge", porque sugerem que existe uma parte mais elevada em nossa natureza. Neste capítulo, analisaremos alguns desses instantes mais famosos.

Eureka!

Certo dia, na Grécia Antiga, deitado na banheira, o matemático Arquimedes de repente descobriu um importante princípio sobre o deslocamento da água. Ele ficou tão empolgado com a ideia que, segundo o relato, saiu apressadamente da banheira e correu nu pelas ruas, gritando: "Eureka!" ("Descobri!") Arquimedes nos deixou como legado uma imagem marcante da alegria da descoberta repentina.

O nascimento de uma ideia criativa – mesmo que você tenha se preparado para ela durante anos – acontece quando menos se espera. Artistas e escritores em geral procuram por instantes como esse constantemente, e é por isso que costumam ter um caderninho sempre à mão. Certo dia, J. K. Rowling teve um instante desse tipo no trem quando todos os personagens e detalhes de Harry Potter simplesmente vieram à sua mente. Ela teve o bom senso de confiar nele: 15 anos mais tarde, seu sexto livro da série Harry Potter vendeu 6,9 milhões de exemplares nos Estados Unidos em apenas um dia. Não é possível que aquela ideia criativa estivesse pairando no Universo, bem perto de você, agora mesmo, apenas esperando para ser notada?

O fundo do poço

Às vezes parece que, por mais determinados que estejamos a nos manter alegres, a vida continua nos derrubando. Percebe-se isso de modo mais extremo em pessoas que lutam contra o vício. Elas tentam se intoxicar e se manter nesse estado, até que entram em colapso, perdendo tudo: casa, família, emprego, dinheiro e saúde. O "fundo do poço" é esse momento de colapso absoluto. Mas, para quem sobrevive a ele, os resultados podem ser extraordinários, porque o instante em que se chega ao "fundo do poço" é geralmente seguido por um momento de muita clareza.

Bill W., fundador dos Alcoólicos Anônimos, descreve como, depois de se recuperar de uma bebedeira grave, ficou deitado no hospital, na "pior das depressões" da sua vida, e começou a perceber cada coisa errada que fez contra os outros. Aceitando que não tinha poder nenhum contra o álcool, ele começou a orar. Diz ele: "O resultado foi instantâneo, surpreendente e indescritível. O lugar pareceu se iluminar com uma luz branca ofuscante. Só senti o êxtase e parecia que eu estava numa montanha. Um vento forte soprava, me envolvendo. Para mim, não era um vento qualquer, e sim um do Espírito. Queimando, senti a aproximação de uma ideia incrível: 'Você está livre.'

Então o êxtase se foi. Em seguida me vi num mundo novo de consciência que era coberto por uma Presença. Dominado pelo Universo, senti uma grande paz tomar conta de mim."

Esse foi o ponto da virada para Bill. A experiência de chegar ao fundo do poço levou não apenas à sua própria recuperação, como também à formação de mais de 100 mil grupos de Alcoólicos Anônimos e vários outros semelhantes que ajudam pessoas com diversos tipos de vícios. Ao que parece, as que sobrevivem depois de atingir o "fundo do poço" descobrem uma vitalidade que nunca sentiram antes. Num instante, encaram a pior coisa imaginável e, depois, sofrem uma transformação.

Instantes brilhantes e instantes marcantes

Há instantes na vida em que todo o seu verdadeiro potencial brilha para além da sua personalidade comum. É comum acabarem citados em homenagens: discursos de casamentos, elegias ou – se você estiver concorrendo a um cargo político – horários políticos na televisão. Apesar de esses instantes serem surpreendentes, quando a vida simplesmente extrai o melhor de nós, algumas pessoas realmente os buscam, assumindo compromissos desafiadores e até perigosos, apenas para descobrir "do que eles são feitos".

Claro que nem todos os instantes marcantes são brilhantes: também somos assaltados pelo fracasso, pela vulnerabilidade e pela tolice. Talvez as melhores homenagens captem os extremos de uma personalidade – os altos e baixos, a sabedoria e a tolice: instantes em que expressamos nossa personalidade real, com todas as suas contradições.

Ruptura

Depois de um período de dificuldades ou estagnação, uma nova realidade pode surgir quase que inesperadamente. Talvez você estivesse tentando aprender a patinar no gelo sem perceber progresso algum, frustrando-se a cada tombo, até que, de repente, você se vê patinando suavemente.

Um dos grandes sinais de que haverá uma ruptura em breve é quando você (ou seu grupo) vive um estado de grande agitação e sente como se fosse explodir. Mas esse instante pode ser muito fugaz porque, quando se está próximo de uma ruptura, você já está passando por ela. Depois de ter ajudado vários grupos e pessoas a passar por esse instante, comecei a acreditar que um dos segredos para se alcançar uma boa ruptura é a capacidade de permanecer presente em meio à enorme tensão de uma crise. Em vez de parar o que está acontecendo ou voltar correndo para um instante anterior, que parece mais estável, você tem de permanecer tenso até que identifique a nova ideia que está tentando emergir.

Em geral, o primeiro sinal da ruptura vem de um ângulo inesperado e é muito breve, portanto muito fácil de ser ignorado. Como uma semente muito pequena e rara se abrindo no jardim, esse instante é facilmente descartado. Em tais situações, é necessário um observador neutro – como um terapeuta, um consultor ou um bom amigo – para perceber a ideia e cercá-la, protegendo-a. Isso a mantém segura, ajuda a percebê-la e reserva algum espaço para que ela cresça.

Quanto mais capazes formos de perceber o instante e mais preparados estivermos para ele, mais podemos usá-lo em nosso benefício e dos outros. Podemos nos preparar para a mudança de tudo. Aprender a abandonar a posição de sempre – ou renovar nossa perspectiva continuamente – é um dos melhores modos de garantir que a vida não seja apenas uma ruptura depois da outra.

O instante sem volta

O instante sem volta ocorre quando você percebe que uma decisão é verdadeiramente irreversível. Nesse instante, você aceita o mundo como ele é, para de lutar contra as coisas como elas são, aceita a realidade e vive dali para a frente.

A história humana se baseia em instantes sem volta políticos, culturais e militares. Você provavelmente já viveu alguns bem dramáticos na sua vida profissional e pessoal. Mas, na verdade, todos os instantes são sem volta. A vida é sempre como ela é – nunca como talvez fosse –, e não há volta. Mesmo se pudesse voltar no tempo, voltaria com a experiência que tem hoje, por isso seria diferente. Heráclito declarou: você não pode entrar no mesmo rio duas vezes.

O instante da verdade

A vida seria bem mais simples se todos contassem a verdade. Mas como nem todo mundo faz isso e ninguém diz a verdade o tempo todo, parece que precisamos de instantes nos quais é impossível não dizê-la. Num instante da verdade, talvez queiramos nos encolher e nos esquivar, mas sentimos como se tivessem cutucado nossa ferida.

O mais estranho é que, quando você se vê obrigado a admitir algo que fez – uma mentira, um suborno, um episódio de racismo, um caso, o fato de ter comido os biscoitos –, se de fato admitir e assumir toda a responsabilidade, isso pode se revelar a melhor coisa que já lhe aconteceu. Expiar nossos pecados significa enfrentá-los sozinhos, admiti-los ou confessá-los.

Claro que nem todos os instantes da verdade envolvem admitir um erro. Às vezes um deles é simplesmente perceber a verdade sobre como você se sente, dizer a verdade sobre quem é ou sobre o que está lhe acontecendo. Pode ser um instante de extrema libertação. Rosa Parks, um dos grandes personagens na história dos direitos civis americanos, tomou uma atitude simples e desafiadora certo dia ao se recusar a ceder seu lugar no ônibus para um homem branco. Ela disse: "Quando o motorista branco foi até o fundo do ônibus, onde estávamos, e quando acenou e nos ordenou que nos levantássemos e cedêssemos nossos lugares, senti uma determinação tomar conta do meu corpo como uma colcha de retalhos numa noite de inverno... Senti uma luz repentina brilhar em meio às trevas." Esse foi seu instante da verdade, o que levou a um instante sem volta.

Renascimento

Apesar de todos nascermos apenas uma vez, ao que parece muitos de nós sentimos uma necessidade de repetir a experiência. Na verdade, o simbolismo do renascimento pode ser encontrado em todas as culturas – em textos religiosos, nos contos de fada, na mitologia e até mesmo em discursos políticos modernos e no noticiário. Ao que parece, sempre que enfrentamos uma fase importante de transição, recorremos ao simbolismo do renascimento.

O psiquiatra Stanislav Grof identificou quatro estágios característicos do processo de renascimento que se referem ao parto: começamos num estágio de inocência (útero), vivemos uma crise (início do parto), passamos por uma transição difícil e perigosa (atravessando o canal vaginal) e depois, repentinamente, nos descobrimos num novo mundo (nascimento) que não podíamos ter imaginado. Emergindo na luz, nos sentimos livres de velhos padrões de comportamento e da enorme tensão que estávamos vivendo pouco antes.

O instante do renascimento é diretamente precedido por uma experiência de morte psicológica, quando nossos velhos padrões de comportamento atingem um clímax insuportável. É um instante de incríveis mudanças, mas também de oportunidades extraordinárias, porque, se formos capazes de perceber a mudança psicológica que nos é exigida, tudo o mais pode mudar. Uma liberdade profunda é possível, por mais paralisada que a vida lhe pareça. Na verdade, a obra de Grof sugere que, no instante em que nosso sofrimento é mais doloroso, estamos, na verdade, mais próximos da liberdade.

Transfiguração

De todos os instantes possíveis, o mais extraordinário com certeza é o da transfiguração. No relato bíblico, Jesus leva Pedro, Tiago e João até uma montanha, para rezarem. Então:

> (...) suas roupas se tornaram brancas, de um branco resplandecente, como nenhuma lavadeira no mundo seria capaz de branqueá-las. E apareceram diante deles Elias e Moisés, os quais conversavam com Jesus.
>
> Pedro, Tiago e João estavam "morrendo de sono", mas, ao verem isso, "acordaram totalmente".
>
> A seguir apareceu uma nuvem e os envolveu, e dela saiu uma voz, que disse: "Este é o meu Filho amado. Ouçam-

-no!" Então de repente, quando olharam ao redor, não viram mais ninguém, a não ser Jesus. (Marcos 9: 2-8.)

A história hindu da transfiguração é relatada no Bhagavad-Gita, um dos textos hindus mais reverenciados. Nela, Krishna revela sua verdadeira natureza como o deus Vishnu a seu discípulo Arjuna. Isso acontece, para Arjuna, num momento de profunda libertação depois de um período de muito sofrimento. Tendo a visão ofuscante da forma "imutável" de Krishna, ele diz:

> Eu o vejo sem começo, eterno...
> iluminando todo o Universo com esplendor.
>
> Várias vezes eu o reverencio,
> de todos os lados, em todas as direções.
> Majestade de poder infinito,
> Você invade – não, você é – todas as coisas.

É bastante improvável que você ou eu vivenciemos um instante parecido com esse. Mas a reação de Pedro, Tiago, João e Arjuna sugere como podemos nos sentir diante de um instante assim: humildes, inspirados, transfixados e totalmente despertos.

Iluminação

O instante de iluminação contém algumas das mais incríveis características da transfiguração, mas a diferença é que qualquer um pode alcançá-lo. A pessoa mais famosa a fazer isso – e a torná-lo muito popular – foi Siddhartha Gautama. Depois de muitos anos tentando compreender o sofrimento, ele simplesmente se sentou e se concentrou na sua respiração, jurando não se mover até que entendesse a Verdade. Ele resistiu a várias tentações e distrações até que, finalmente, acabou enxergando que a raiz do sofrimento estava no desejo insaciável. Quando sua ânsia cessou, ele viu a realidade sem obstáculos, com a mente límpida, e se tornou conhecido como Buda, o desperto.

Os mais drásticos exemplos de iluminação são repentinos, extáticos e avassaladores. Mas ela também pode ser vivida aos poucos, como na contemplação do nascer do sol. Apesar de os mestres budistas estimularem seus alunos a trabalhar duro para alcançarem a experiência da iluminação, eles também reconhecem que, ao fazer isso, nos distanciamos dele, porque, quanto mais o desejamos, mais nos mantemos num estado de espera. A iluminação não é um objetivo distante: ela está sempre presente.

Graça

As palavras graça e dádiva têm uma origem próxima. Ambas vêm do grego *charis*. Na verdade, a graça nos é dada como uma dádiva, o que significa que não podemos buscá-la. Mas sua existência nos lembra de que tudo, tudo mesmo, pode acontecer num instante. O teólogo Paul Tillich diz que, mesmo quando nossas vidas parecem estar numa espiral descendente, ou quando nos sentimos impotentes, ou até quando fizemos alguma coisa terrível e a lógica nos diz que tudo está perdido, algo pode acontecer:

> Não podemos transformar nossas vidas, a não ser que permitamos que ela seja transformada por um ato da Graça. Isso acontece ou não acontece. E com certeza não

acontece se tentamos alcançá-la por nós mesmos, assim como não acontecerá enquanto pensarmos, na nossa autocomplacência, que não precisamos dela. A Graça nos atinge quando estamos sofrendo muito e inquietos, quando caminhamos pelo vale escuro de uma vida vazia e sem sentido, quando sentimos que nossa separação é mais profunda do que o normal, porque violamos outra vida, que amávamos, ou da qual nos tornamos estranhos. Ela nos atinge quando nos enojamos de nós mesmos, da nossa indiferença, fraqueza, hostilidade e quando nossa falta de direção e compostura se tornou insuportável. Ela nos atinge quando, ano após ano, a ansiada vida perfeita não se revela, quando velhas compulsões reinam dentro de nós como têm feito há décadas, quando o desespero destrói toda a alegria e coragem. Às vezes, nesse instante, uma onda de luz rompe nossas trevas e é como se uma voz dissesse: "Você foi aceito pelo que é maior do que você e cujo nome desconhece. Não pergunte pelo nome agora; talvez o descubra mais tarde. Não busque nada; não realize nada; não tente nada. Simplesmente aceite o fato de que você foi aceito!" Se isso nos acontece, vivemos a Graça. Depois de uma experiência como essa, talvez não nos tornemos melhores do que antes e talvez não acreditemos mais do que antes. Mas tudo se transforma. E sob a luz dessa Graça percebemos Seu poder em nossa relação com nós mesmos, porque sentimos que fomos aceitos por aquilo que é maior do que nós. Ah, se mais instantes como esse nos fossem dados!

• • •

Neste capítulo, descrevemos alguns dos instantes de reviravolta mais dramáticos. Alguns deles, como Tillich sugere, vêm das profundezas absolutas de uma crise. Às vezes, como aconteceu com Arquimedes, eles simplesmente acontecem quando você está executando uma tarefa rotineira. Em outras palavras, não podemos prever quando a vida mudará ou quando vamos, de repente, ver as coisas com mais clareza. Mas podemos, certamente, tentar estar preparados.

Depois do instante

Se você já vivenciou um instante dramático como os do último capítulo, deve se sentir muito bem consigo mesmo. Talvez queira contar às pessoas sobre isso. Ou quem sabe queira pular e gritar: "Sou livre!" Talvez você até queira escrever um livro como este, dizendo aos outros como eles também podem vivenciá-los.

Você também pode perceber que, quando estiver fazendo qualquer uma dessas coisas, não estará mais vivenciando o instante. Porque, assim que começa a pensar naquele instante, a contar aos demais ou até mesmo se lembrar ou desejá-lo novamente, você acaba por se distanciar dele. Você pode se sentir até um pouco desanimado, de volta à vida prática, desolado. Mas, sempre que se vir diante de um obstáculo, em vez de lidar com ele como o instante presente, você irá querer recorrer ao instante que vivenciou há meses ou anos. Talvez até se sinta tentado a começar um longo processo para encontrá-lo novamente.

Porém, presenciar o instante significa uma aceitação radical do que está lhe acontecendo agora. Você não tem que gostar ou concordar com o que está acontecendo. O mundo nem sempre é um lugar bom. Mas qualquer experiência genuína do instante começa com enfrentar a verdade do que está lhe acontecendo agora, goste você ou não.

Depois de vivenciar o instante, por mais grandioso que ele tenha sido, a melhor coisa a fazer é praticar outro *ciclo da respiração única* ou apenas observar o que acontece neste instante. Você pode não vivenciar nada de incrível. Este pode parecer banal em comparação com aquele. Você pode até não vivenciar coisa alguma. Mas ao menos está se posicionando. Em outras palavras, é mais importante o hábito de retomar a respiração e se comprometer com a prática do que vivenciar algo drástico.

A prova definitiva de que o *método instantâneo* não tem a ver com o fato de ter alcançado a felicidade eterna ou de ter tido uma experiência inesquecível, e sim ao fato de enfrentar cada instante, aceitando-o como ele é. Em outras palavras, a prova é a prática. Cada instante é o que é. Em outro instante será diferente. Assim que paramos de tentar transformar o que é em algo que não é, ou desejar que fosse algo diferente, relaxamos. E tudo começa. De novo.

O que o instante não é

Fala-se muito hoje em dia sobre "aproveitar o momento" e "viver o presente". Mas algumas dessas ideias podem ser perigosas, e não quero que você pense que este livro as corrobora.

A ideia de "aproveitar o momento" pode ser usada para justificar o egoísmo e o hedonismo. "Não importa o que esteja acontecendo, vamos nos divertir", prega ela. Já vi muitas pessoas usarem esse mantra equivocado para se distanciar de seus sentimentos reais ou rejeitar as consequências de suas ações. É óbvio que os seres humanos no mundo "desenvolvido" têm "aproveitado tanto o presente" que estão pondo em risco sua própria sobrevivência.

Se "viver o presente" significa viver apenas os instantes bons ou divertidos, então estamos ignorando seriamente parte da história. Viver o presente geralmente significa encarar algumas verdades a respeito de nós mesmos ou sobre o mundo. Ao vivenciar genuinamente o instante, pode acontecer uma verdadeira epifania. Isso pode significar simplesmente reconhecer que, neste instante, estamos nos sentindo impotentes e desesperançados, furiosos ou com medo, e que, por apenas um instante, paramos de tentar entender como deixamos de nos sentir assim. Simplesmente vivemos.

Claro que, num instante, você pode perceber que é muito feliz. Pode até sentir uma grande alegria. Não há nada de errado nisso. Mas se a felicidade depende de evitar as más notícias ou o que está acontecendo pelo mundo ou as pessoas que o "deprimem", então não é uma felicidade das mais seguras. E se você segue se apegando a essa sensação de felicidade, com medo de perdê-la, e se recusa a notar o que está acontecendo no instante, então você já não faz mais parte deste instante: está preso àquele instante.

Quando as pessoas sugerem "viver o momento", elas estão provavelmente tentando evitar a experiência de seu próprio sofrimento ou dos demais. As consequências podem ser graves: isso pode impedi-los de viver a alegria verdadeira. A verdadeira alegria não vem de escolher entre as experiências "boas" ou "positivas", ou até mesmo as "catárticas", mas de ser capaz de estar presente com o que quer que esteja lhe acontecendo agora. Assim, a vida deixa de ser uma festa constante para ser uma oportunidade constante de se aprofundar no seu bem-estar – e no dos outros.

Estar presente ao instante em alguns momentos pode ser difícil. Às vezes você quer estar em qualquer lugar, exceto no instante, para viver qualquer coisa, menos o que está lhe acontecendo agora. Haverá fracassos, doenças e obstáculos. Haverá muitos dias em que você se sentirá mal. Mas, quando a vida for avassaladora, faça o que sempre faz, o que aprendeu a fazer: um *ciclo da respiração única*. E então, quando estiver preparado, repita a prática. Às vezes, isso é tudo com o que você pode contar.

PARTE 6

Treinamento superavançado

Na sua experiência com o *minuto básico*, o *minuto portátil* e o *ciclo da respiração única*, você tem usado um pouco do tempo para apenas ser. Em outras palavras, aprendeu a abdicar do tempo. Mas, se praticado em excesso, isso pode se tornar um problema. Pode ser que você comece a se ressentir da vida ou até mesmo do próprio tempo. Talvez você queira passar todo o tempo fora do tempo – praticando o *minuto básico*, como ele era, para sempre. Mas como isso seria um entendimento incompleto da quietude, esta parte do livro pretende concluir a imagem.

O próximo conjunto de exercícios envolverá uma ligeira mudança de foco. Você ainda começa cada exercício com sua atenção voltada para a respiração, como já aprendeu. Mas o passo seguinte envolve expandir sua consciência a fim de incluir algo no mundo "exterior". Ao permanecer concentrado na respiração (para que não fique a esmo), você encontra um lugar no meio, uma experiência que é parte você e parte o mundo.

Desse modo, você aprende a viver não apenas a paz de espírito, mas também a paz de permanecer no seu tempo. Talvez descubra que a quietude não é um tempo fora da vida, mas a própria vida, e que não exige tempo algum.

Olhando em volta

Com o *ciclo da respiração única* você aprendeu a viver a quietude com apenas uma inspiração e uma expiração, mais ou menos ao acaso. Mas ainda está fazendo isso com os olhos fechados, enquanto a maior parte da sua vida ainda é vivida de olhos abertos. O *ciclo da respiração única*, como o praticou, é uma experiência profundamente íntima, mas a vida transcorre no lado de fora. Assim, o passo seguinte é tentar praticar o *ciclo da respiração única* enquanto observa o mundo.

A princípio, isso pode lhe parecer surpreendente. Se praticou o *ciclo da respiração única* vivendo um pouco de cada dia fora do tempo, você pode ter considerado o tempo "exterior" uma distração da paz de simplesmente estar "aqui". Com esse novo exercício, a ideia é viver a paz de simplesmente ser enquanto observa a dança da vida, estonteante e repleta de distrações – a seta do tempo.

Isso não é tão difícil quanto você imagina. Na verdade, é bem fácil. Um amigo costumava dizer: "Não tente de mais; tente de menos." Para isso, você deve abrir seu coração para aceitar o Universo. Deve aceitar o que vê diante de si, seja lá o que for, porque isso não é inimigo da sua paz, e sim parte dela.

A princípio, faça isso lentamente. Comece olhando para algo belo e agradável, algo que seja fácil de gostar. Pode ser uma flor, a vista de uma janela, uma joia ou a fotografia de alguém que você ama. Faça um *ciclo da respiração única* com os olhos abertos, observando essa coisa. Note o efeito que ela tem sobre você. Permita-se sentir completamente o que está sentindo. Essa sensação é um jogo dinâmico entre você e algo mais, algo que parece estar "fora" ou separado de você. Imagine-se inspirando essa sensação para dentro do seu corpo, trazendo-a para junto do seu coração.

Pare e tente isso agora. Simplesmente encontre o que houver de mais agradável de se olhar perto de você, onde você estiver, e pratique o ciclo da respiração única enquanto observa. Repare no efeito que sentirá.

À medida que avançar nessa prática, experimente-a com situações mais desafiadoras, quando o que você tem diante de si parece feio, trivial, deprimente ou simplesmente difícil de admirar. Por exemplo, da próxima vez que assistir a um noticiário mostrando cenas de miséria, crime, desastres ambientais ou guerra, não mude de canal nem fique paralisado de horror. Simplesmente veja o que está sendo exibido, sinta, inspire e expire.

Este exercício pode lhe dar uma resistência incrível. "Por que eu deveria prestar atenção a algo deprimente?" Mas lembre-se de que estar em paz não significa realmente depender de que tudo seja como você gostaria. A paz é uma tranquilidade inerente, não importa o que esteja acontecendo. Isso não significa que você tenha de gostar do que esteja acontecendo ou que concorde com a situação, mas você pode aprender a estar em paz em meio a tudo isso, enquanto ainda a estiver vivenciando. Se tentar viver numa bolha, sempre viverá de maneira precária, pois a bolha pode estourar. A tranquilidade genuína não tem nada a temer quanto à verdade da vida. Se for verdade, é para você.

Então tente conviver com tudo o que vê. Veja se pode ampliar sua atenção para aceitar o mundo como um todo. Talvez um dia descubra que você e o mundo não são tão diferentes um do outro.

Pratique o ciclo da respiração única *da próxima vez que se deparar com algo assustador ou deprimente. Na verdade, sempre que você vir algo que não quer, experimente executar esse ciclo. Pratique isso durante um mês antes de tentar o exercício seguinte.*

Movimentando-se

Agora você está pronto para o estágio seguinte. Em vez de permanecer imóvel enquanto sente a quietude, aprenderá a vivenciar essa mesma quietude em movimento. Mas, por favor, vá com calma.

Normalmente, quando você se encontra em movimento, não tem plena consciência do que está fazendo. Você simplesmente presta atenção para onde está indo – até que tropeça em alguém, num degrau ou escorrega... e acorda. A verdade é que, se só estiver atento ao objetivo, acaba ignorando o processo. Você está vivendo numa ideia futura, não no conceito do que está lhe acontecendo neste instante. E pode ter certeza de que logo que chegar aonde estiver indo ou alcançar seu objetivo, sua mente criará outra jornada, um novo problema para resolver, uma nova meta. Assim, por não vivenciar sua jornada, você não está vivenciando a própria vida.

O exercício deste capítulo o ajuda a estar presente onde você estiver. Se praticá-lo lentamente, deste modo bastante simples, terá benefícios ao longo de toda a sua vida. Você pode pensar que está apenas andando, mas mesmo o ato de caminhar pode ser muito sutil: cada passo contém muitos outros, por isso vale a pena prestar atenção a eles.

Este exercício se divide em dois níveis.

Primeiro nível

1. Fique imóvel.
2. Olhe cuidadosamente para o chão diante de si.
3. Sinta o contato entre seus pés e o chão.
4. Pratique o *ciclo da respiração única.*

Este exercício é extremamente útil quando você está distraído. Tantos de nós andamos por aí sem consciência de onde estão nossos pés, se estamos fisicamente equilibrados ou até mesmo sem saber quem somos. (Esta é, com certeza, a principal causa dos acidentes.) Uso este exercício para marcar uma jornada – por exemplo, quando dobro uma esquina, alcanço o alto de um morro ou logo antes de apertar uma campainha. Uso-o principalmente quando todos estão apressados ao meu redor – em estações de trem ou nas calçadas da cidade na hora do rush. Também é um bom exercício para se praticar antes de levantar peso. Simplesmente adquira o hábito de parar por um instante, onde você estiver, sentindo os pés no chão e respirando. Você ficará surpreso ao notar quanto estresse este exercício alivia. Apesar de ele o atrasar um pouco, também evitará grandes empecilhos.

Faça uma pausa e pratique o primeiro nível agora.

O segundo nível é mais complicado e envolve alguma coordenação motora. Ele requer que você mantenha toda a consciência do primeiro nível e dê um passo à frente, o que não é algo simples.

Segundo nível

1. Fique imóvel.
2. Olhe cuidadosamente para o chão diante de si.
3. Sinta o contato entre seus pés e o chão.

4. Transfira todo o seu peso para o pé direito.
5. Respire enquanto ergue o pé esquerdo.
6. Coloque o pé esquerdo no chão à sua frente, transferindo metade do seu peso para ele e expirando totalmente.
7. Pare.

Quando praticá-lo pela primeira vez, você pode se sentir um pouco sem coordenação motora, mas com o tempo descobrirá que fica bem à vontade. Se tiver algum tempo de sobra, tente praticar com o outro pé: um após o outro, um passo de cada vez. Talvez um dia você possa até mesmo praticá-lo ao atravessar toda a sala, ao sair de casa, ao ir para a garagem e ao caminhar pela cidade. Mas, para onde quer que este exercício o leve, tente sentir cada passo como se ele fosse seu único destino.

Tente o segundo nível agora.

Estar disponível

Ouvi dizer que muitos mestres espirituais dizem que passamos tempo demais *realizando* coisas. Eles nos lembram de que somos *seres* humanos, não meros *fazedores de coisas*. Bem, com os exercícios deste livro você provavelmente se tornou muito bom em simplesmente *ser*. Para algumas tradições espirituais, tudo acaba aqui.

Isso acontece porque muito da nossa tradição espiritual nos foi transmitida por monges e freiras que viveram presos em monastérios ou eremitas que abandonaram a vida em sociedade. Esses pioneiros com certeza alcançaram grande sabedoria, em geral à custa da participação no mundo – e às vezes até mesmo negando-o e rejeitando-o. Seus ensinamentos e o exemplo de suas vidas nos legaram a perigosa crença de que a serenidade é apenas possível fora do mundo, em outro mundo, ou na vida após a morte. Tal fato nos oferece pouca esperança, e poucas técnicas, para encontrar serenidade neste mundo. Acreditamos que ela só pode ser encontrada onde não há muito o que fazer: numa igreja, num monastério, num retiro, no meio da natureza ou na próxima vida. Isso não apenas é desencorajador como também tira nossa responsabilidade sobre esse aspecto. Acreditamos que a consciência espiritual – ou um compromisso sincero com a prática espiritual – seja para eles, não para nós.

Portanto, não deixemos de lembrar nem ignoremos a importância de realizar coisas. A vida é feita de descanso e atividade, imobilidade e crescimento, ser e fazer. A quietude pura não pode ser o objetivo; a atividade não pode ser um problema. Lembre-se de que, mesmo quando você está imóvel, e mesmo quando está dormindo, seu corpo não para: os pulmões se expandem e se contraem, o coração bate, os neurônios transmitem impulsos elétricos – só para citar algumas das coisas que continuam ativas.

O maior desafio é encontrar a paz em meio à atividade, é praticar o "ser" enquanto se faz isso ou aquilo. Os tibetanos têm uma bela frase considerada tão importante que a repetem o tempo todo: *Om mani padme hum*. Pode-se traduzi-la como "a joia da eternidade é encontrada na lótus do nascimento e da morte". A "joia da eternidade" é outro modo de se referir ao ser puro, e "a lótus do nascimento e da morte" é outro modo de se referir ao mundo do tempo ou, em outras palavras, à atividade. Assim, essa frase significa que, apesar de quaisquer fantasias de fuga que possamos ter, a experiência mais importante de ser é encontrada durante a atividade. Estar presente "no instante" não significa simplesmente vivenciar o eterno, mas vivenciar o eterno no tempo – em outras palavras, a quietude em meio à atividade.

Até agora, você desviou sua atenção do que estava fazendo para se ater à concentração. Mas agora o desafio é notar sua respiração enquanto realiza suas atividades. Digamos, por exemplo, que você aprendeu a parar, enquanto prepara o café ou lava o carro, para praticar o *ciclo da respiração única*. Mas sem interromper o que estava fazendo. Agora você respira em conjunto com a atividade em curso. Você realiza as duas tarefas ao mesmo tempo, e com atenção. Ao respirar e fazer, não há você nem o que você está fazendo: você simplesmente é o que está fazendo.

O que quer que esteja fazendo, tente colocar essa técnica em prática agora mesmo.

Esse exercício pode ser muito revigorante, mas também muito desafiador. Às vezes pode parecer um alongamento puxado e difícil. Mas ele pode ajudar a acrescentar entusiasmo ao que você vem fazendo, mesmo que seja uma tarefa bastante comum.

Sempre que precisar, recorra ao *ciclo da respiração única* ou até mesmo ao *minuto básico*. Eles ainda lhe servem como refúgio, um lugar para onde você pode voltar para rejuvenescer. Lembre-se apenas de que não há exílio da vida. Para encontrar a paz não se deve apenas recorrer a "instantes de ser" a fim de ter a energia necessária para a difícil missão de fazer, e sim aceitar que a vida é feita de realizações.

Ao se ater ao ser e fazer, você descobrirá na própria atividade um modo de ser. Na verdade, essa é a natureza do seu ser. E, à medida que praticar, se sentirá mais próximo do fluxo contínuo do ser e do fazer – o que se pode chamar de "atividade serena".

O domínio começa quando você deixa de ansiar por um instante no tempo a fim de prestar atenção à sua respiração, de praticar o ser ou sentir a paz, e passa a vivenciar essa mesma paz de espírito em meio ao caos das atividades.

Agora, ao longo de todo o dia, você se descobre agindo e respirando, agindo e respirando, agindo e respirando. Você nota sua presença, percebe o que está fazendo e até se dá conta de que está notando tudo enquanto respira.

Então veja se é capaz de estar presente em todas as coisas e de se dedicar totalmente a tudo o que faz. Verifique se é capaz de realizar o que está fazendo com aquela mesma tranquilidade. Permita que o que quer que você esteja fazendo ocupe toda a sua mente, sem nada para impedir: nenhuma fantasia quanto ao futuro, sem lembranças do passado, sem pressa e sem morosidade. Isso ainda é atividade.

Às vezes, pode descobrir que você e o que você está fazendo não são coisas tão distintas. Talvez até lhe pareça que você e o mundo estão respirando no mesmo ritmo. Em momentos assim, você talvez note que tudo fica um pouco mais claro ou entra em foco, como a cacofonia de uma orquestra se afinando de repente e se tornando harmoniosa. Em momentos assim, você está completamente presente no que está realizando e também sabe que não está realizando. Algo maior do que você é que está. Você está quase pronto. E apenas começando.

PARTE 7

O milagre do instante

Descanso e diversão

Nesta parte do livro, você aprenderá algumas aplicações flexíveis, divertidas e adaptáveis dos exercícios que aprendeu até agora. Eles o ajudarão a integrar sua prática a tudo o que faz e a apreciar todos os instantes como milagrosos.

Primeiro, vou explicar o conceito de criação contínua. Na verdade, não é um conceito, mas uma experiência – a sensação direta de que não há ligação ao acaso de um instante ao outro. Em outras palavras, o Universo está vislumbrando a existência – o todo – de um instante ao outro.

Um bom modo de compreender a criação contínua é por meio da metáfora de um filme, que é composto por imagens estáticas, exibidas uma de cada vez, em alta velocidade. (A palavra "cinema" deriva da expressão "imagem cinética", isto é, "imagem em movimento".) Os filmes são como versões sofisticadas de livros com imagens que, folheados rapidamente, parecem em movimento, cada qual com uma diferença sutil. Quando o folheia, parece que as imagens se movem, uma a uma. Mas a conexão entre elas está na sua mente (e na de quem criou o livro). Com os filmes, essa técnica é tão sofisticada – 24 quadros por segundo – que você sequer percebe que as imagens são separadas.

A criação contínua sugere que a realidade é recriada a cada instante e também que cada instante é único. Isso não é o mesmo que prega a teoria do criacionismo, porque não implica que o Universo tenha sido criado em determinado momento no passado. Tampouco entra em conflito com a ciência. É simplesmente uma maneira de ver a realidade que foi vivida por mestres espirituais tanto nas religiões teístas como não teístas. É a fundação do misticismo hindu e foi explicada pelo erudito muçulmano do século XII Abu Hamid Al-Ghazali. O mestre zen D. T. Suzuki explica assim: "Minha declaração é a de que um novo Universo é criado a cada instante." O místico cristão Meister Eckhart afirma: "Deus está criando todo o Universo, completa e totalmente, no agora." Eis o que diz o rabino David Cooper: "[Na tradição mística judaica](...) o Agora está na palma da mão de Deus, por assim dizer. A dimensão deste instante é suportada em sua totalidade pela natureza do Divino. Portanto, há uma relação vital entre Deus e cada aspecto da criação. Cada respiração é começada, mantida e alimentada por um poder de criação. Cada evento é permeado pela mágica da Presença Divina."

Dizer que cada momento é uma criação nova também significa que não há uma continuidade inerente de um instante a outro. Não temos certeza se o que fazemos neste momento é mesmo a causa do que acontece no seguinte. Não temos certeza nem mesmo do que será o momento seguinte. Esse modo de pensar não é, claro, a maneira comum de ver a vida: em geral, tomamos a continuidade como verdade. Mas a continuidade de um instante a outro, de acordo com a criação contínua, é uma ilusão.

A criação contínua implica o fato de que cada instante é completamente novo, desligado do passado. A cada instante, o mundo está sendo recriado. No instante seguinte, tudo pode ser completamente diferente. Isso nos traz possibilidades bastante radicais, que aprofundarei nos capítulos seguintes.

No mínimo, a ideia da criação contínua deveria fazer com que pensássemos de uma maneira um pouco diferente sobre "o descanso e a diversão". Em geral, quando queremos nos divertir, fantasiamos quanto a atividades preguiçosas, como praticar esportes ou fazer um cruzeiro. Mas esse tipo de diversão só nos dá um descanso, e este nos permite voltar à nossa vida e acumular mais estresse. A criação contínua sugere que, se quer o rejuvenescimento verdadeiro, você não quer se divertir, mas se recriar. Você deve se sentir recriado, instante a instante. Por sorte, o *método instantâneo* tem tudo a ver com a recriação.

O momento de escolher

Pense no momento em que você acorda pela manhã – o primeiríssimo instante em que abre os olhos. Naquele momento, você está aberto e inocente – uma tábula rasa – como se, durante a noite, tivesse se esquecido completamente de si mesmo e voltado a um lugar de possibilidades puras. Então, no instante seguinte, você se lembra de suas esperanças e seus medos, estresses e dificuldades, e se dá conta do dia que tem diante de si. Em outras palavras, sua alma inocente veste um corpo surrado pelo tempo e pela experiência, e aquela sensação de possibilidades puras desaparece. Assim é que você encara o dia não com a mente aberta, mas com uma horda de expectativas baseadas nas suas experiências passadas, apesar de não ter como saber o que acontecerá.

Mas e se você pudesse se impedir de vestir aquele conjunto amarrotado de velhas expectativas? E se você pudesse viver com inocência – "sem atitude" – ao longo de todo o dia? Quando Cristo disse "Você tem de ser uma criança para entrar no Reino dos Céus", acredito que ele estivesse se referindo a essa abertura fundamental que cada um de nós tem, essa sensação de que acabamos de despertar. Claro que isso é o que Buda também quis dizer quando mencionou nossa "natureza original".

Não é maravilhoso que essa abertura lhe seja dada, nem que seja por um instante, todas as manhãs? Não entendo por que temos tanta pressa em abandoná-la a cada dia, vestindo a carapuça das nossas presunções, mas talvez possamos aprender a não fazer isso. Uma boa maneira de começar é simplesmente notando a primeira vez que fazemos isso todas as manhãs.

Então experimente praticar o *ciclo da respiração única*, deitado, assim que acordar. Se perder o momento exato, simplesmente execute-o antes de se levantar. (Se você geralmente acorda com pressa e já se levanta, coloque um lembrete perto da cama na noite anterior.) Quando tiver realizado isso, tente praticar o *ciclo da respiração única* antes mesmo de abrir os olhos. Depois, aos poucos, com o tempo, tente executá-lo o mais próximo possível do instante em que você acordar.

Depois que tiver praticado essa técnica por algum tempo, tente o inverso. Em determinado momento do dia, veja se é capaz de retornar à atitude de inocência que teve ao acordar. Veja se consegue se despir de suas suposições como se elas fossem uma máscara. Tente se libertar e se livrar desse perigo.

A questão é que, a cada instante, você tem de fazer uma escolha drástica sobre quem você é e como age. Pode optar por não agir como de costume e aceitar o instante seguinte com a mente aberta ou fechada. Se você for capaz de perceber o instante pouco antes de ser assaltado por seus hábitos e suas expectativas, antes que eles assumam o controle e subjuguem sua inocência, então você pode respirar fundo e dar a si mesmo tempo para fazer uma nova escolha. Aos poucos, você descobrirá que sua abertura original volta para revigorá-lo espontaneamente, muitas vezes ao longo do dia, sem que escolha nenhuma seja necessária.

A juventude eterna

Há séculos, exploradores procuravam pela "fonte da juventude" e esperavam que, ao beberem de suas águas, pudessem evitar a velhice e a morte. Hoje em dia, por sermos mais sofisticados, nós a buscamos num comprimido prescrito pelo médico ou numa vitamina preparada numa lanchonete. Claro que a ciência médica pode prolongar a vida como nunca antes, mas alguns dos esforços que fazemos procurando pela juventude eterna talvez fossem mais bem empregados se procurássemos pelo eterno vigor juvenil.

O vigor juvenil não é algo que se pode encontrar imitando as roupas, o gosto musical ou as gírias dos adolescentes. Nem é uma disposição para pular de bungee-jump aos 65 anos. Em essência, ele é simplesmente uma característica mental, uma mentalidade que recebe cada momento como uma possibilidade. O *ciclo da respiração única*, acredito, é a fonte do vigor juvenil.

O motivo disso, claro, é que o vigor juvenil tem tudo a ver com uma mente curiosa e aberta. Imagine como o mundo se parece para uma criança: uma fonte contínua de descobertas e uma oportunidade constante para experiências e aprendizados. As crianças nascem com o espírito de artistas criativos e cientistas. Assim que chegamos à meia-idade, contudo, temos tanta certeza de como as coisas funcionam que perdemos aquela sensação de curiosidade entusiasmada em relação ao mundo. Achamos que já vimos de tudo e sabemos tudo. Mas, na verdade, não sabemos como as coisas funcionam e mal aproveitamos todo o potencial da nossa criatividade e ingenuidade.

Embora talvez não possamos captar novamente o extraordinário senso de credulidade de uma criança que vê o mundo pela primeira vez, não é preciso que nos entediemos ou que acreditemos que a vida é previsível. Não há necessidade de perder a sensação de incredulidade diante do extraordinário cenário que o mundo monta a cada dia. Os mestres sabem que, à medida que envelhecemos, somos capazes de apreciar mais, pois nos tornamos mais conscientes de que a simples existência já é um milagre. Em outras palavras, para um mestre, o vigor da juventude aumenta com o passar do tempo.

Gerenciamento avançado do tempo

Em cada instante, o "instinto de vida" e a "ameaça da morte" estão totalmente presentes. Para que algo tenha início, é preciso ter fim. Quando algo termina, outra coisa começa. Não há como fugir: tudo o que é novo depende da morte de algo velho.

Não me refiro a esse fato de modo literal. Não quero dizer que, sempre que um bebê nasce, alguém tenha de morrer. O que quero dizer é que cada novo estado de espírito marca o fim de outro. Por exemplo, no seu primeiro dia no ensino fundamental, a vida como aluno da pré-escola ficou para trás. Quando duas empresas se juntam, suas identidades como companhias distintas cessam de existir. Quando você se casa, já não é mais solteiro, e mesmo que se divorcie algum dia, você jamais será uma pessoa que nunca se casou.

Num sentido mais profundo, a cada instante, quem você era está morrendo e quem você está se tornando está nascendo. Refiro-me a isso do ponto de vista psicológico, claro, mas também é verdade fisicamente: a cada instante, algumas células estão nascendo e outras, morrendo. Você está mudando o tempo todo. O nascimento não é algo que acontece apenas no início da sua vida, e a morte não é algo que acontece somente no fim. Ambos estão ocorrendo agora mesmo, pois são componentes da vida. Cada momento tem um começo e um fim. Cada momento é um fim e um começo.

Assim, à medida que domina o instante, você pode vivenciar momentos de grande felicidade – quando percebe que tudo ao seu redor é vibrante e novo – e momentos de grande tristeza – quando compreende que tudo, absolutamente tudo, morre. Para aceitar completamente o instante, é preciso aceitar ambas as perspectivas como essenciais para o ser. Você deve permitir que essas forças extremamente opostas encontrem algum equilíbrio em seu coração. Somente quando aceitar o movimento dessas duas forças no seu âmago é que você poderá se sentir verdadeiramente em paz.

Eis aqui dois exercícios que o ajudarão a vivenciar o nascimento e a morte a cada instante – um se atém ao fim e o outro, ao começo.

Fim

Muitas pessoas, ao se aproximarem da morte, começam a demonstrar um pouco de suas personalidades tradicionais. Ao fazerem o inventário da vida, elas sentem que precisam concluir as questões emocionais que deixaram em aberto. Tentam expressar todos aqueles sentimentos que não foram capazes de manifestar antes, porque querem morrer em paz, dizendo a verdade. Em geral, querem se reconciliar com amigos afastados e familiares, ou expressar amor, perdão, arrependimento e gratidão. Mas não é preciso esperar até que você esteja quase morto para fazer isso. Simplesmente imagine que está à beira da morte e empenhe-se em trazer à tona suas verdadeiras emoções.

O próximo exercício é muito poderoso e se baseia totalmente na imaginação. Simplesmente imagine que este é o último instante da sua vida e prepare-se para morrer. Mas, antes disso, pergunte a si mesmo: se este fosse seu último instante, como gostaria que ele fosse? Gostaria de estar preocupado? Gostaria de estar nervoso ou relaxado? De estar com raiva ou compassivo? De estar mal-humorado ou sorrindo? E que imagem gostaria de ter em mente? Que postura você gostaria de adotar: esparramado na cama ou em pé? Sentado ou dançando?

Para tornar este exercício ainda mais poderoso, escolha, entre estas três possibilidades, a que mais se adequar às suas próprias crenças: Como a sua morte nesta vida determinará como você nascerá na outra? (Essa hipótese se baseia na filosofia oriental do carma.) Ou então: O estado da sua alma ao morrer determina como você passará a eternidade. (Essa hipótese é inspirada na ideia bíblica de justiça divina.) Ou então: Imagine que uma fotografia da sua alma foi tirada assim que você morreu e que essa imagem foi publicada na internet. Todos os seus outros registros e memórias serão apagados. (Essa ideia mais moderna foi inspirada na ficção científica, mas com certeza servirá para o propósito.)

Tenho certeza de que você é capaz de perceber que, seja qual for a alternativa que tenha escolhido para seu fim, ela o aproximará ainda mais da sua essência. A ideia por trás dessa prática é que você já tem acesso à sua natureza mais elevada e profunda, então por que esperar até estar à beira da morte para vivenciá-la? Por que não vivê-la a partir de agora?

Você pode praticar este exercício várias vezes ao longo do dia. Faço isso sempre que me lembro da morte: quando passo por um acidente de trânsito, quando o avião em que me encontro decola ou aterrissa, quando visito alguém no hospital, quando me despeço de alguém na estação de trem ou quando ouço falar de um desastre natural. Uso cada uma dessas situações para me lembrar de que eu poderia morrer agora mesmo. Isso em geral faz com que eu me sente ereto, porque não quero morrer esparramado, e abra meu coração, porque não quero morrer tenso. O benefício deste exercício é que, no instante seguinte, se ainda estiver vivo, estou um pouco mais aliviado e um pouco mais amoroso.

Imagine que este é seu instante final. Como você gostaria de estar? Tente colocar seu corpo nessa posição e sua alma nessa situação. Faça isso sempre que se lembrar da morte.

Começo

Certa vez, durante um voo transatlântico, tive a deliciosa experiência de brincar de "bicho papão" com um menino de 5 anos sentado à minha frente. Ele se escondia por alguns segundos, esperava um pouco e então, de repente, aparecia. Sempre que fazia isso, parecia alegre por me ver novamente, como se fosse a primeira vez. Ele adorava me fazer acreditar que tinha, por um instante, desaparecido. (O fato de eu fingir que isso acontecia sempre ajudava consideravelmente.) Brincamos disso várias vezes durante o voo.

Esconde-esconde é um jogo que ajuda as crianças a aprenderem sobre a continuidade, para que os recém-nascidos a levem em consideração. Eles precisam ter a certeza constante de que têm ao seu redor uma presença amorosa. Eles só podem brincar de esconde-esconde quando têm certeza de que há uma continuidade em si mesmos e no mundo; do contrário, seria assustador demais. Assim, para as crianças, essa brincadeira é uma maneira de praticar e reforçar seu recém-descoberto sentido de continuidade: mesmo quando a mãe cobre os olhos, ela ainda está lá. Para crianças mais velhas, como o menino de 5 anos que descrevi, o esconde-esconde é uma lembrança divertida de um tempo em que a continuidade não era considerada comum.

À medida que envelhecemos, nós a desprezamos tanto que nos esquecemos de que a descontinuidade é possível. A única descontinuidade que podemos imaginar é a morte, e nos esforçamos para não pensar muito nela. Pode-se até mesmo dizer que nos tornamos viciados na continuidade – principalmente a nossa própria –, como se acreditássemos que a vida fosse existir para sempre, numa linha reta, até o infinito. Tentamos viver o máximo possível e nos esforçamos até mesmo para prolongar a vida – por meio de nossa prole e nossas realizações – para além da morte.

Mas nos mantermos atentos de um instante a outro, numa linha reta, gera muita tensão, porque, se estamos nos prolongando para além do tempo, estamos nos "superprolongando". A continuidade por si só é uma espécie de tensão. Porém, se formos capazes de nos abrir para a descontinuidade, podemos encontrar alguma liberdade. Experimentar a descontinuidade (depois de ter dominado a continuidade) significa que você realmente sabe que, no instante seguinte, tudo pode ser diferente. Você deixa de desprezar a vida.

Assim, agora mesmo, imagine que está brincando de esconde-esconde com o mundo. Simplesmente feche os olhos e abra-os novamente, bem depressa. Imagine que você está vendo o mundo pela primeira vez. O que percebe? O que chama sua atenção? Como você se sente?

Ao fazer isso, quanto mais se fingir de criança, surpresa com o fato de o mundo voltar a existir, mais se livrará dessa sensação. Tente fechar os olhos por mais alguns instantes ou apertá-los um pouco mais. Tente abri-los repentinamente, arregalando-os ao máximo, com uma expressão de surpresa. Olhe à sua volta e repare no novo mundo que de repente surgiu.

Faça isso agora. Brinque de esconde-esconde com o mundo.

Este exercício pode parecer tolo a princípio, mas realmente funciona. Você pode praticá-lo sempre que precisar renovar sua consciência. Com ele, você com certeza sentirá mais prazer com o mundo. E certamente verá mais sentido neste prazer.

Controlando o instante

Quando eu cursava a faculdade de administração, aprendi várias teorias úteis sobre organização e diversas habilidades de gestão, mas a noção geral de gerenciamento também me pareceu inconsistente com minhas crenças espirituais. Para mim, espiritualidade tem a ver com confiança, sinceridade e humildade, ao passo que o gerenciamento parecia ter a ver com previsão e controle.

Na verdade, muitos gerentes trabalham com medo de que a vida não esteja boa se não a estiverem gerenciando. E isso não acontece unicamente com eles. Todas as pessoas temem isso. Estamos sempre controlando, ou tentando controlar, alguma coisa – nem que seja a nós mesmos. É um círculo vicioso: nos sentimos ansiosos, por isso gerenciamos mais e, quanto mais agimos assim, mais nos preocupamos com o que poderia acontecer se não fizéssemos isso.

Ao controlar tudo o tempo todo, no entanto, inibimos o fluxo natural da criatividade. Assim, evitamos que algo imprevisível aconteça, por isso precisamos nos adaptar quando algo imprevisível invariavelmente acontece. Não conseguimos confiar na sabedoria inerente da situação e na sabedoria coletiva. Impomos soluções com base em modelos de experiências passadas como se elas fossem regras absolutas da vida.

Se um milagre – ou até mesmo uma ideia muito boa – fosse acontecer, ele teria de ser bastante evidente. Do contrário, não o notaríamos ou não seríamos capazes de nos adaptar a ele. Ainda assim, milhões de novas oportunidades se apresentam. O Universo está sempre nos oferecendo um novo modo de resolver nossos velhos problemas. Ele está em constante transformação e quer que mudemos com ele. Novas ideias estão loucas para nascer.

Assim, da próxima vez que sentir o impulso de controlar, pare. Simplesmente pratique o *ciclo da respiração única* e veja o que acontece. Faça isso sempre que sentir a necessidade de gerenciar, seja uma cidade, uma microempresa, uma sala de aula, sua família, seu sócio ou a si mesmo. Veja como é deixar de ter o controle absoluto por um instante.

Agora você pode acreditar que todo o mundo ao seu redor quer, precisa e espera que você esteja no controle – afinal, eles querem um líder firme. Na verdade, todos entrarão em pânico se você deixar de controlá-los. Mas talvez isso se deva apenas ao fato de eles terem se tornado dependentes, pois sempre foram comandados por outra pessoa. Talvez, se você deixar de gerenciá-los, eles passem a cuidar de si mesmos. É bem provável que, se todos nós parássemos de tentar controlar as coisas, todos tomaríamos o controle. Hoje em dia, no meu trabalho com gerentes, tento ajudá-los a descobrir a exuberante fonte de sabedoria existente em instantes incontroláveis.

Lembre-se de que, apesar das medidas mais produtivas existentes no mundo, você não tem como saber o que acontecerá no instante seguinte. E não pode controlá-lo. Isso não quer dizer que a ciência das previsões não tenha sentido ou que não devêssemos fazer planos para o futuro. Simplesmente significa que nosso planejamento deve partir de uma consciência das mudanças constantes e de uma sinceridade radical diante delas. Se pudermos aprender a gerenciar menos, então sentiremos menos medo e vivenciaremos mais possibilidades.

Se aceitarmos que cada instante é totalmente novo e tem o potencial de nos surpreender, então concordamos que o instante seguinte não é completamente determinado pelo passado. Assim, apesar de gostar de reclamar que é vítima do passado ou que está restrito às escolhas que você fez – ou os outros fizeram – antes, não precisa deixar que suas experiências anteriores definam o presente. Você pode ser amargo ou esperançoso, pessimista ou otimista, e pode ter uma mente aberta ou fechada.

Um dos segredos para se libertar do estresse é simplesmente admitir que você não tem certeza do que está acontecendo, que não é possível controlar tudo o que acontece e que mesmo as coisas das quais você tem certeza estão sempre em movimento, em constante transformação. Este é também o maior presente que você pode dar aos outros: permitir que sejam diferentes do que foram ontem.

Um mestre de verdade usa todos os momentos de atenção para se lembrar de como ele sabe pouco. Ele usa todos os instantes para se abrir para as possibilidades. Essa é uma prática do não saber e é também a essência da humildade. Por isso tente acrescentá-la aos seus exercícios: quando perceber que está agindo como um sabe-tudo, pratique o *ciclo da respiração única.* Quando se der conta de que está agindo com base em uma suposição inquestionável, pratique o *ciclo da respiração única.* Retorne ao seu estado de inocência e lembre-se de quão pouco você sabe. Mantenha-se aberto às possibilidades de que algo será diferente. Dê ao mundo um pouco de espaço. Ele o surpreenderá.

O instante da reviravolta

Cada momento contém um potencial enorme. A questão é se você está ciente dessa oportunidade ou é capaz de usá-la para reverter uma situação difícil.

Nos locais de trabalho, é comum que alguém que esteja vivendo uma situação de estresse – seja por causa de um prazo, um relatório de desempenho ou uma crise – acabe estressando as pessoas com quem trabalha, principalmente as que estão abaixo dela na hierarquia. Isso tem um efeito tóxico no ambiente, atrapalhando o trabalho, estimulando o ressentimento, elevando a pressão arterial dos funcionários e aumentando os custos de rotatividade. Esse tipo de problema não acontece apenas no trabalho. Tenho certeza de que todos fizemos isso, nem que seja um pouquinho, a alguém em algum momento. Muitos pais fazem isso até mesmo com os filhos.

Mas há outro caminho. Tente perceber que isso está acontecendo com você e esforce-se para não contaminar outras pessoas. Não importa o que lhe aconteça, jure não passar adiante esse estresse. Não importa quão estressado você esteja e, mesmo que outra pessoa lhe tenha deixado assim, isso agora é responsabilidade sua e cabe a você transformá-lo em algo positivo.

Pratique o *minuto portátil* ou o *ciclo da respiração única.* É provável que você sinta o estresse se dissipando. Ou talvez encontre um modo apropriado de liberá-lo. Ou sinta o estresse se convertendo em energia e descubra que ela se dissemina por todo o seu corpo, transformando-se numa sensação de vitalidade e aumento de poder.

Se você praticar essa técnica repetidamente, descobrirá que o estresse das outras pessoas não o afeta tanto. E, se cada um de nós evitar estressar as pessoas com quem convive, haverá menos estresse em nosso caminho.

Infelizmente, muitas pessoas parecem viver de acordo com a terceira lei de Newton: "Para cada ação há uma reação igual e oposta." Se alguém nos magoa, nós o magoamos também – ou acabamos fazendo isso com outra pessoa. Mas, sempre que tentamos "não passar isso adiante", estamos tentando viver em harmonia com o ensinamento de Cristo: "Se alguém lhe dá um tapa na face direita, ofereça-lhe a outra." É preciso lembrar que não somos simples objetos newtonianos, com reações iguais e contrárias: somos seres humanos e podemos fazer melhor do que isso. Se pudermos estar sempre preparados com o *ciclo da respiração única* quando alguém nos atinge, talvez sejamos capazes de ganhar algum tempo. Nesse instante, talvez sejamos capazes de escolher conscientemente se vamos revidar, dar a outra face ou encontrar outra saída. Talvez um instante possa realmente causar uma reviravolta no mundo.

Em vez de reagir ao estresse alheio, pratique
o ciclo da respiração única.

O momento certo

Há uma palavra maravilhosa em grego arcaico, *kairos*, que significa "o momento certo". Ela sugere que alguns momentos são certos para algumas coisas e outros são adequados a outras.

Ainda assim, na maior parte do tempo fazemos coisas no momento errado. Na verdade, não aprimoramos nossa capacidade de sentir o momento certo. Quanto esforço desperdiçamos e quantas vezes nossa pressão aumentou porque não conseguimos notar quando era a hora certa?

Por exemplo, estou certo de que você, em algum momento, já tentou aconselhar um amigo e teve a sensação de que suas palavras foram inúteis. Então, numa outra ocasião, diz exatamente a coisa certa e percebe que ele compreende o que você quis dizer. O segredo de dar conselhos não está apenas em saber o que dizer, e sim em saber quando dizer. Esse mesmo princípio se aplica às tomadas de decisão: não é apenas o que você faz, mas quando faz. Um mestre sabe o momento certo para todas as coisas, por isso não desperdiça esforços em nada.

Durante a maior parte da minha vida entendi isso completamente ao contrário. Eu parecia gostar de forçar a porta quando estava fechada e perdia o interesse quando ela se abria. A maioria das pessoas não é tão masoquista; elas simplesmente não conseguem perceber seus próprios ritmos e os do mundo ao seu redor. Mas você pode passar a ouvir a si mesmo e a interpretar os sinais do universo com mais precisão, aprendendo a sentir quando é o momento certo. Pode descobrir quando se esforçar e quando descansar, quando deve aproveitar a oportunidade e quando deve deixá-la passar.

Na arte do arco e flecha, *kairos* se refere a "uma abertura, ou 'oportunidade', ou, mais precisamente, uma abertura semelhante a um túnel através da qual a flecha do arqueiro tem de passar. A passagem bem-sucedida pelo *kairos* exige, portanto, que a flecha seja lançada não com exatidão, mas com força o suficiente para que a penetre". Isso sugere que precisamos de um pouco de confiança para agir no momento certo.

Na arte da tecelagem, *kairos* se refere à "hora crítica em que o tecelão deve passar o fio por uma abertura que se forma rapidamente na urdidura do tecido que está sendo feito". Isso sugere que você deve estar sempre preparado para quando a oportunidade surgir. Infelizmente, muitos de nós temos um conhecimento tão estreito do nosso potencial que não notaríamos a oportunidade nem se ela tocasse um sino.

No Novo Testamento, o termo *kairos* é usado em referência "à hora em que Deus age". No seu nível mais elevado, ela se refere à intervenção divina, mas no cotidiano isso significa esperar que o momento certo se manifeste e se apresente claramente a você.

Acredito que a qualquer momento algo quer acontecer, mas pode não ser o que você conscientemente queira que aconteça. O domínio significa não apenas saber como conseguir o que se quer, mas também ouvir e observar o que se quer de você. Não precisa ser uma revelação mística. Simplesmente significa ouvir a voz mais profunda e sincera dentro de você, assim como prestar atenção ao espírito do tempo.

No entanto, há outro sentido para *kairos* que é ainda mais profundo e promove uma quietude ainda mais intensa. Se você está aguardando o momento certo para vivenciar a paz interna, deixe de esperar, pois ela pode surgir a qualquer momento, até mesmo em meio a um estresse pessoal, uma emergência pública ou uma grande tragédia. A questão é que, quando a paz interna está em jogo, qualquer momento e todos são os momentos certos.

Você pode se sentir tentado a dizer: "Claro, adoraria estar em paz agora, mas você não tem ideia de quão ocupado estou." Tenho muita compaixão por essa justificativa – eu a utilizo com muita frequência. Mas ela não faz o menor sentido. Antes de mais nada, quando você está mais ocupado é justamente quando mais precisa da paz interior. E, em segundo lugar, o próprio ato de procrastinar – de dar as costas para o momento que está ali – é que é a causa real do tumulto íntimo.

Ao impedir sua mente de criar a fantasia de quietude no futuro e ao aceitar a sensação de estresse, torna-se um pouco mais fácil lidar com ele. E, assim maiores serão as chances de não se estressar no instante seguinte.

Portanto, tente prestar atenção ao que está lhe acontecendo agora, mesmo que não lhe pareça algo que conduz à paz. Harmonize sua respiração com o que estiver acontecendo. Em pouco tempo você descobrirá que os instantes de estresse não são interrupções da quietude ou atrasos na paz, mas que fazem parte do jogo. Você poderia até mesmo dizer que o estresse é uma maneira de a quietude o desafiar a buscar uma paz ainda mais profunda.

Perceba da próxima vez que disser a si mesmo: "Estou ocupado demais agora para praticar o ciclo da respiração única." *Então pratique-o imediatamente.*

O instante derradeiro

Estou convencido de que todos os nossos problemas estão de algum modo relacionados às nossas crenças sobre o tempo e o espaço. Sentimos que o tempo está passando devagar demais, que várias coisas estão acontecendo ao mesmo tempo ou que estamos ficando sem tempo. Ansiamos por mais espaço ou pelo espaço ideal ou entramos em conflito pela disputa do espaço, como em congestionamentos e guerras fronteiriças. É como se acreditássemos que deveríamos ser capazes de estar em qualquer lugar que quiséssemos sem limitações temporais e espaciais de quaisquer tipos. Nada deveria nos impedir.

Sempre que entramos num conflito que envolve o tempo e o espaço, em geral nosso primeiro impulso é amaldiçoar o tempo ("Não tenho tempo suficiente"), ou o espaço ("Preciso de mais espaço"), ou ainda as pessoas que não estão agindo de acordo com nossa necessidade de tempo e espaço – como a que está andando devagar demais na calçada à sua frente ("Se ao menos ela pudesse sair do meu caminho!"). Ou tentamos mudar as condições a fim de ganhar mais tempo e espaço – nos apressamos ou nos demoramos, adiamos um prazo, construímos um novo cômodo, instalamos uma cerca.

Mas quero lhe sugerir algo radical: tudo – absolutamente tudo – acontece no tempo certo. Isso não pode ser provado, claro, mas por que não tenta acreditar nisso como filosofia de vida e ver o que acontece? Por exemplo, em vez de lutar contra o tempo e o espaço ou de tentar resolver seu problema com eles, você simplesmente deve confiar, por um instante, que tanto um quanto o outro são perfeitos. Você não tem de gostar do que está acontecendo. Na verdade, às vezes parecerá horrível, mas apenas observe o que acontece se você aceitar, por um instante, que o tempo e o espaço estão corretos.

Sempre que entrar em conflito com o tempo ou o espaço, aproveite essa oportunidade para colocar em prática as técnicas que aprendeu neste livro. Em vez de se apressar, de ficar paralisado ou de amaldiçoar os outros, simplesmente considere o tempo perfeito e o espaço suficiente, pratique o *ciclo da respiração única* e observe o que muda.

Acredito que cada experiência conflitante – entre você e o tempo, você e o espaço, você e as outras pessoas, você e o mundo – é um convite para que pare para pensar. Na verdade, a hora mais oportuna para reservar um momento para si mesmo é quando você sente que o tempo está equivocado.

Da próxima vez que se sentir em conflito com o tempo, que o tempo "não está certo" ou que "está tudo errado", pense que o tempo é, na verdade, perfeito – você simplesmente não sabe ainda por que nem como. Então pratique um ciclo da respiração única *imediatamente.*

Com esse exercício, você talvez se sinta um pouco mais tranquilo: em vez de lutar contra a situação conflituosa, você a enfrenta. Então talvez sinta que há algo a aprender ou que tal situação possa estar acontecendo por algum motivo. Nas tradições abraâmicas, isso é conhecido como a vontade de Deus. Ela nem sempre nos é clara, nem sempre faz sentido, mas nos dá uma oportunidade de confiar mais Nele. Nas tradições orientais, isso tem origem no conceito de carma: todo instante é a oportunidade perfeita para que você aprenda uma lição importante.

A próxima coisa que você talvez sinta é algo que sempre acaba com o conflito com o tempo e o espaço: o amor. Quando se ama alguém, é impossível dizer "você" ou "eu". No amor, você é menos "você" e a outra pessoa é menos "ela". O amor acontece quando você deixa de perceber o limite entre você e o outro. É também uma sensação de que, na verdade, não existem fronteiras. E a forma mais profunda de amor não é por alguém próximo de você, mas por tudo e todos. Esse sentimento surge com a percepção de que você e o mundo não estão separados, que são apenas formas diferentes da mesma essência, eternamente.

Sempre que vai além do conflito entre você e o espaço, ou entre você e o tempo, você vivencia o amor. Porque ele não é uma experiência avassaladora ocasional, e sim a natureza da realidade. É simplesmente o que você vive quando a fronteira aparente entre você e o mundo – o gráfico aparente do espaço e do tempo – se dissolve.

Sempre que sente o amor, você está totalmente absorvido pelo instante. O filósofo Alfred North Whitehead afirmou: "[O amor] não busca o futuro; porque ele encontra sua própria recompensa no presente imediato." Em outras palavras, sempre que você está vivendo o amor, não há tempo nem espaço.

Não é possível viver completamente o instante se não sentir ao menos um pouquinho do amor. Não precisa ser um sentimento grande e avassalador, pode ser algo bem sutil. Pode ser apenas o amor pelo que você está fazendo. Ou simplesmente o amor de existir. Se for muito sortudo, é o amor de ser.

Na experiência do amor, o tempo e o espaço simplesmente deixam de ser um problema. Você para de contar, de comparar e de medir. Nas palavras de Proust: "O amor é o espaço e o tempo mensurados diretamente pelo coração." Na experiência do amor, espaço e tempo se dissolvem, e você também.

O instante de apreciação

Um *instante de apreciação* pode ser vivido sempre que você se tornar consciente do que está acontecendo e quiser ter certeza de estar aproveitando.

Toda vez que um instante parecer especial – quando, por exemplo, estamos viajando e conhecemos um monumento famoso ou uma paisagem exuberante, quando estamos num casamento ou em outra celebração, ou quando identificamos a beleza de nossos filhos –, tentamos pegar a câmera para "capturá-lo". Infelizmente, fazemos isso com tanta rapidez que acabamos registrando experiências que mal vivenciamos. Essa busca pode interromper nossa vivência do instante, pois captá-lo pode, às vezes, aniquilá-lo.

Um *instante de apreciação* é um *ciclo da respiração única* feito com o espírito de admiração, lentamente e com uma ligeira modificação: ao inspirar, imagine que você está inspirando a própria experiência – com todos os sentimentos a ela associados – e grave isso na sua mente; ao exalar, imagine que você está expirando a experiência.

Note que, neste exercício, você definitivamente não está "captando" o instante: você o está apreciando completamente e o libertando, além de criar espaço para o próximo. Um *instante de apreciação* não impede, de modo algum, o fluxo da vida.

Um *instante de apreciação* também pode ser útil quando a vida parece estar correndo demais e diminuir o ritmo não é uma opção. Tenho uma amiga que reservou um *instante de apreciação* – na verdade, vários deles – durante o nascimento da filha. Depois de uma gestação difícil e um trabalho de parto demorado, de repente o parto começou a fluir bem rápido. Mas Clara não se sentia preparada. Ela queria um tempo, apenas para se alinhar emocionalmente com o que estava acontecendo. Ela queria um tempo para homenagear a transição, dizer adeus à gravidez e estar totalmente preparada para conhecer a filha. Obviamente, ela não podia interromper o trabalho de parto. Portanto, a única opção era respirar em harmonia com o que estava ocorrendo e estar totalmente presente, tanto emocional como espiritualmente, no fluxo dos acontecimentos – instante a instante.

A história dela é um belo lembrete de que podemos estar completamente presentes num instante, mesmo que ele esteja passando rapidamente. Não precisamos impedir a ação, mas apenas vê-la de outra maneira. Nos cinemas, essa mudança de percepção – uma espécie de consciência mais evidente – em geral é mostrada em câmera lenta. Apesar de algo dramático estar acontecendo depressa, o protagonista parece estar vivenciando a situação lentamente, absorvendo todos os detalhes e registrando-os completamente. Viver o instante é bem parecido com isso – como se você pudesse ativar um interruptor mental para ver as coisas em câmera lenta quando quiser e notar as sutilezas da vida –, como se pairasse no ar.

No entanto, talvez o mais marcante *instante de apreciação* surja espontaneamente, sem nenhum motivo, quando você está fazendo algo bastante comum. De repente você admira o mundo como ele é, em sua simplicidade. Aprecia o milagre da existência de tudo e até mesmo o da própria existência. Você admira o fato de existir, apreciando a vida. Espero que este livro o tenha ajudado – e que continue ajudando – a vivenciar muitos instantes como este.

Desfrute de um instante de apreciação *agora mesmo.*

PARTE 8

Dominando o momento

O momento paradoxal

Para dominar o instante, você precisa dar um último passo. No entanto, antes disso, tenho que explicar certo paradoxo do instante, um paradoxo que você pode ter notado em vários pontos deste livro. Tentarei explicá-lo agora, mas compreenda que um paradoxo, por definição, não pode ser totalmente explicado.

As pessoas acreditam que cada instante flui naturalmente ao seguinte, o que confere continuidade ao tempo. Mestres espirituais que assumem tal visão nos lembram que, apesar de gostarmos de pensar que as coisas são permanentes ou que duram muito, na verdade, nada é permanente nem dura tanto assim. Apenas acreditamos que as coisas são fixas, sólidas ou se sobrepõem ao tempo, mas elas estão em constante transformação, e nada jamais permanece do mesmo jeito. Enquanto o estresse é resultado de tentar se apegar a essa sensação de permanência, a tranquilidade se manifesta quando você se livra da ilusão de que tudo na vida é permanente – incluindo você mesmo. Portanto, não se apegue a nada: nem ao seu emprego, nem ao seu parceiro, nem à sua casa ou às suas ideias a respeito de si próprio – apenas "acompanhe a corrente". Em outras palavras, a realidade é puro "movimento".

De outro ponto de vista, contudo, nada muda. Em qualquer instante, você apenas vê o mundo como ele é agora.

Por exemplo, você nunca vê uma folha caindo de uma árvore: primeiro vê a folha na árvore, no instante seguinte a vê no ar e depois a vê no chão. Tudo o que você vive na verdade é um ponto estático, o "agora". Em outras palavras, o agora é tudo o que existe. Nessa experiência do tempo, não há ligação entre os instantes, porque o tempo é descontínuo. Mestres espirituais que assumem tal perspectiva sugerem que o tempo – e a percepção das coisas em alteração – é ilusão. Quando abandonamos essa ilusão, vivemos totalmente o presente, porque ele é tudo o que existe. E ao abandonarmos quaisquer ideias sobre passado e futuro e até mesmo sobre a existência do passado e do futuro, alcançamos a eternidade, o que quer dizer que a realidade é profundamente imóvel.

Assim, sob a perspectiva de uma pessoa, tudo muda, ao passo que sob o ponto de vista de outra, nada muda. Para um indivíduo, o tempo flui, porém para outro o tempo sequer existe. Para um, o agora não existe, mas para outro só o agora existe. Para alguém, a realidade é contínua, mas para outra pessoa é descontínua. Sob uma perspectiva, tudo está em movimento, porém sob outra tudo é imóvel.

O grande mestre zen Eihei Dogen resumiu esse caráter paradoxal da realidade em sua desafiadora frase "descontinuidade contínua". Talvez uma descrição mais simples seria:

A única coisa que não muda é o fato de que tudo muda.

É uma ideia incômoda, se você pensar bem. Sempre que reflito sobre isso, sinto-me um pouco em dúvida, como se estivesse sem chão. Mesmo assim, essa sensação estonteante é maravilhosa, dinâmica e cheia de energia. É uma liberdade surpreendente e também muito tranquila. Poderíamos também expressá-la assim:

Para vivenciar a quietude completa, você deve aceitar completamente que tudo está em movimento.

Note que, seja qual for o modo de analisar isso, não existe o que consideramos um instante. Sob uma perspectiva, a que considera tudo em constante alteração, os instantes estão sempre mudando, por isso não existe um instante diferente de outro. Sob outra perspectiva, a que percebe que nada muda, não existe um instante distinto de qualquer outro simplesmente porque não há quaisquer outros instantes: tudo o que existe é o agora, o eterno.

No seu livro *No Boundary* (Sem fronteira), o filósofo Ken Wilber afirma: "Como não há passado ou futuro fora do instante presente, não há fronteiras neste instante – nada veio antes dele e nada veio depois. Você nunca vive o início; você nunca vive o fim." Ele, então, cita o Sutra do Caminho budista:

> Neste instante não há nada que venha a ser. Neste instante não há nada que deixe de ser...
> Não há fronteira ou limite para este instante e, portanto, ele é um deleite eterno.

Isso, no entanto, me traz más notícias. Como o instante não tem antes ou depois, não existe instante *único*, separado de qualquer outro. E se ele não existe, então com certeza você não é capaz de dominá-lo. Você jamais será capaz de se lembrar do *método instantâneo* em algum momento no futuro e pensar "pronto, está feito". Em outras palavras, o domínio requer uma renovação constante, sempre recomeçando, como se fosse a primeira vez.

Assim, se já pensa que se tornou um mestre, você se desviou do instante. Se acha que se tornará um mestre em algum momento no futuro, você também se desviou do instante. E se já encontrou alguém que se diz ser um mestre o tempo todo, essa pessoa está completamente equivocada: só se pode ser mestre momentaneamente. E isso revela as boas notícias:

Apesar de não poder ser um mestre para sempre,
você com certeza pode ser um mestre agora.

O mestre do instante

O antigo *Livro das mutações* chinês diz que, para o sábio, o "tempo só é importante se, dentro dele, os passos da transformação puderem se revelar numa sequência clara". Em outras palavras, o tempo não é uma prisão, mas uma oportunidade. É a fiandeira na qual tecemos nossa vida, a sala de aula em que aprendemos nossas lições, o parquinho onde descobrimos e expressamos nossas possibilidades. A questão não é se livrar do tempo, mas vivê-lo com liberdade. Você se torna um mestre quando aceita, instante a instante, tudo o que lhe acontece, porque sabe que o instante apenas faz parte de um enorme território.

Se for capaz de aceitar que o tempo não é tão real quanto você pensa – e sim uma ótima oportunidade – então você é, na verdade, livre para admirá-lo passando. O tempo já não é mais o inimigo nem algo escasso. Você já não está numa batalha tragicômica para aproveitar o melhor dele e já não se acredita uma vítima do tempo. Você não precisa ficar "imóvel" nem estar "em movimento". Não há pressa e não há medo. Não há nada de errado em ser jovem nem em ser idoso, porque você só está "sendo o tempo".

Com a experiência de vida de um idoso e a inocência de uma criança, você aceita tudo o que surge como é. Porque você sabe que o agora é onde se está e que não pode ser medido. Em seu poema "Isso que temos agora", o poeta sufi Rumi escreve:

Isso que temos agora
não é imaginação.

Isso não é
dor ou alegria.

Nem crítica,
nem arrogância
ou tristeza.

Essas coisas vêm
e vão.

Essa é a presença
que não.

Neste agora, você vê tudo como se fosse a primeira vez. Na tradição cristã, ele é descrito por Meister Eckhart como o "agora da eternidade, onde a alma de Deus conhece todas as coisas como novas". Na tradição budista, isso era invocado pelo mestre zen Taizan Maezumi sempre que ele ordenava um monge. Derramando algumas gotas d'água sobre a cabeça recém-raspada do noviço, ele proclamava: "Tudo é novo!"

E este "agora" é o seu agora também. Em todos os instantes, quando você descobre o mundo – e a si mesmo –, repetidas vezes, você é um mestre. Porque nesse instante, ao mesmo tempo fugaz e grandioso, você sabe que:

Com esta inspiração, renasço;
E tudo é novo.

Agradecimentos

Muitos amigos, familiares e professores leram o primeiro manuscrito deste livro e me deram valiosas sugestões. Agradeço especialmente a Florencce Boroson, Louis Boroson, Andrew Dodd, Randall Ryotan Eiger Sensei, Lenny Gibson, Nienke Merbis, Barbara Joshin O'Hara Sensei, Ryah Parker, Doug Paxton, Kris Stone, Diana Theodores e Elise Thoron. Minha irmã, Barbara Boroson, contribuiu com uma crítica generosa e cuidadosa e uma edição indispensável, e me incentivou bastante, como sempre. Meu cunhado, Joseph Rutt, ofereceu conselhos essenciais quanto ao processo de publicação.

Sugra Zaman me ajudou a transformar as ideias iniciais no projeto de um livro e depois encontrou o primeiro abrigo para o livro na Rider. Sou grato a Judith Kendra, diretora-editora da Rider, por sua edição sensível do manuscrito original, Sue Lascelles, pela ajuda na edição, e Catherine Trippett, por resolver importantes problemas de permissões de uso de material protegido.

Agradeço também a Jacky Sach, um agente sábio e gentil, Whitney Lee, por ajudar este livro a encontrar publicação em vários idiomas, e Jill Mangino, por seus conselhos entusiasmados e publicidade. Sou ainda grato a Nigel Westwood, pela ajuda na diagramação, adorei trabalhar e me divertir com Sue Snell no projeto da capa e me senti especialmente sortudo ao ter esta edição projetada por Level C.

Agradeço, ainda, a Nienke Merbis, Ed Merbis, Jean Farrell e Bill Farrell por guardarem um espaço tão acolhedor para os anos de exploração durante os quais este livro ganhou forma. Obrigado também a Michel Harris e Jo Hardy por me ajudarem em alguns pontos críticos. O entusiasmo dos meus pais por tudo em que me envolvo foi de grande importância para mim, por isso também sou grato a eles. E agradeço a meu parceiro Andrew Dodd por me incentivar a buscar a excelência, por seu apoio constante, seus conselhos astutos e a alegria que traz à minha vida. Obrigado, ainda, a Toby e sua Ma, que cuidam tão bem de nós.

Por fim, sou grato a Roshi Enkyo O'Hara e a todos os membros da Village Zendo em Nova York. Com sua presença compassiva e divertida, aqui mesmo neste mundo, eles me ajudaram – e a este livro – mais do que podem imaginar.

CONHEÇA OS CLÁSSICOS DA EDITORA SEXTANTE

1.000 lugares para conhecer antes de morrer, de Patricia Schultz

A História – A Bíblia contada como uma só história do começo ao fim, de The Zondervan Corporation

A última grande lição, de Mitch Albom

Conversando com os espíritos e *Espíritos entre nós*, de James Van Praagh

Desvendando os segredos da linguagem corporal e *Por que os homens fazem sexo e as mulheres fazem amor?*, de Allan e Barbara Pease

Enquanto o amor não vem, de Iyanla Vanzant

Faça o que tem de ser feito, de Bob Nelson

Fora de série – Outliers, de Malcolm Gladwell

Jesus, o maior psicólogo que já existiu, de Mark W. Baker

Mantenha o seu cérebro vivo, de Laurence Katz e Manning Rubin

Mil dias em Veneza, de Marlena de Blasi

Muitas vidas, muitos mestres, de Brian Weiss

Não tenha medo de ser chefe, de Bruce Tulgan

Nunca desista de seus sonhos e *Pais brilhantes, professores fascinantes*, de Augusto Cury

O monge e o executivo, de James C. Hunter

O poder do Agora, de Eckhart Tolle

O que toda mulher inteligente deve saber, de Steven Carter e Julia Sokol

Os segredos da mente milionária, de T. Harv Ecker

Por que os homens amam as mulheres poderosas?, de Sherry Argov

Salomão, o homem mais rico que já existiu, de Steven K. Scott

Transformando suor em ouro, de Bernardinho

INFORMAÇÕES SOBRE OS PRÓXIMOS LANÇAMENTOS

Para saber mais sobre os títulos e autores
da EDITORA SEXTANTE,
visite o site www.sextante.com.br
ou siga @sextante no Twitter.
Além de informações sobre os próximos lançamentos,
você terá acesso a conteúdos exclusivos e poderá participar
de promoções e sorteios.

Se quiser receber informações por e-mail,
basta cadastrar-se diretamente no nosso site.

Para enviar seus comentários sobre este livro,
escreva para atendimento@esextante.com.br
ou mande uma mensagem para @sextante no Twitter.

EDITORA SEXTANTE
Rua Voluntários da Pátria, 45 / 1.404 – Botafogo
Rio de Janeiro – RJ – 22270-000 – Brasil
Telefone: (21) 2538-4100 – Fax: (21) 2286-9244
E-mail: atendimento@esextante.com.br